百科通识文库新近书目

古代亚述简史
澳大利亚概览
"垮掉派"简论
混沌理论
气候变化
当代小说
犯罪小说研究
地球系统科学
优生学简论
哈布斯堡帝国简史
好莱坞简史
莎士比亚喜剧简论
莎士比亚诗歌简论
莎士比亚悲剧简论
天气简话

百科通识文库

澳大利亚概览

[英] 肯尼思·摩根 著
戴宁 译

外语教学与研究出版社
北京

京权图字：01-2022-6589

© Kenneth Morgan 2012

Australia: A Very Short Introduction, First Edition was originally published in English in 2012. This translation is published by arrangement with Oxford University Press. Foreign Language Teaching and Research Publishing Co., Ltd is solely responsible for this translation from the original work and Oxford University Press shall have no liability for any errors, omissions or inaccuracies or ambiguities in such translation or for any losses caused by reliance thereon.

图书在版编目（CIP）数据

澳大利亚概览／（英）肯尼思·摩根（Kenneth Morgan）著；戴宁译. -- 北京：外语教学与研究出版社，2023.1
（百科通识文库）
书名原文：Australia: A Very Short Introduction
ISBN 978-7-5213-4214-7

Ⅰ.①澳… Ⅱ.①肯…②戴… Ⅲ.①澳大利亚-概况 Ⅳ.①K961.1

中国版本图书馆 CIP 数据核字（2022）第 257804 号

地图审图号：GS 京（2002）1398 号

出版人	王　芳
项目负责	姚　虹　周渝毅
责任编辑	徐　宁
责任校对	宋锦霞
封面设计	泽　丹　覃一彪
版式设计	锋尚设计
出版发行	外语教学与研究出版社
社　　址	北京市西三环北路 19 号（100089）
网　　址	http://www.fltrp.com
印　　刷	三河市紫恒印装有限公司
开　　本	889×1194　1/32
印　　张	6.5
版　　次	2023 年 1 月第 1 版　2023 年 1 月第 1 次印刷
书　　号	ISBN 978-7-5213-4214-7
定　　价	30.00 元

购书咨询：(010) 88819926　电子邮箱：club@fltrp.com
外研书店：https://waiyants.tmall.com
凡印刷、装订质量问题，请联系我社印制部
联系电话：(010) 61207896　电子邮箱：zhijian@fltrp.com
凡侵权、盗版书籍线索，请联系我社法律事务部
举报电话：(010) 88817519　电子邮箱：banquan@fltrp.com
物料号：342140001

目 录

图目 /VI

地图 /VII

第一章 澳大利亚的形成 /1

第二章 塑造这片大陆 /43

第三章 治理澳大利亚 /81

第四章 澳大利亚与世界 /119

第五章 体育与文化 /151

结语 /186

大事年表 /193

图 目

图 1. "1770 年库克船长在植物湾登陆", E. 菲利普斯·福克斯绘 /17

图 2. 囚犯图:《政府组织的劳改队伍,悉尼》(1830),奥古斯塔斯·厄尔绘 /26

图 3. 内德·凯利,澳大利亚丛林大盗 /56

图 4. 澳大利亚金矿矿工摇盆洗金 /61

图 5. 澳大利亚国旗 /95

图 6. 悉尼百年纪念公园的联邦亭 /101

图 7. 1942 年 11 月,工兵在科科达修建桥梁 /138

图 8. 墨尔本板球场 /168

图 9. 《剪羊毛》(1890),汤姆·罗伯茨绘 /174

地 图

地图1. 19世纪50年代之前澳大利亚各殖民地与牧场定居点　VIII

地图2. 1901年澳大利亚成立联邦意见分布图　IX

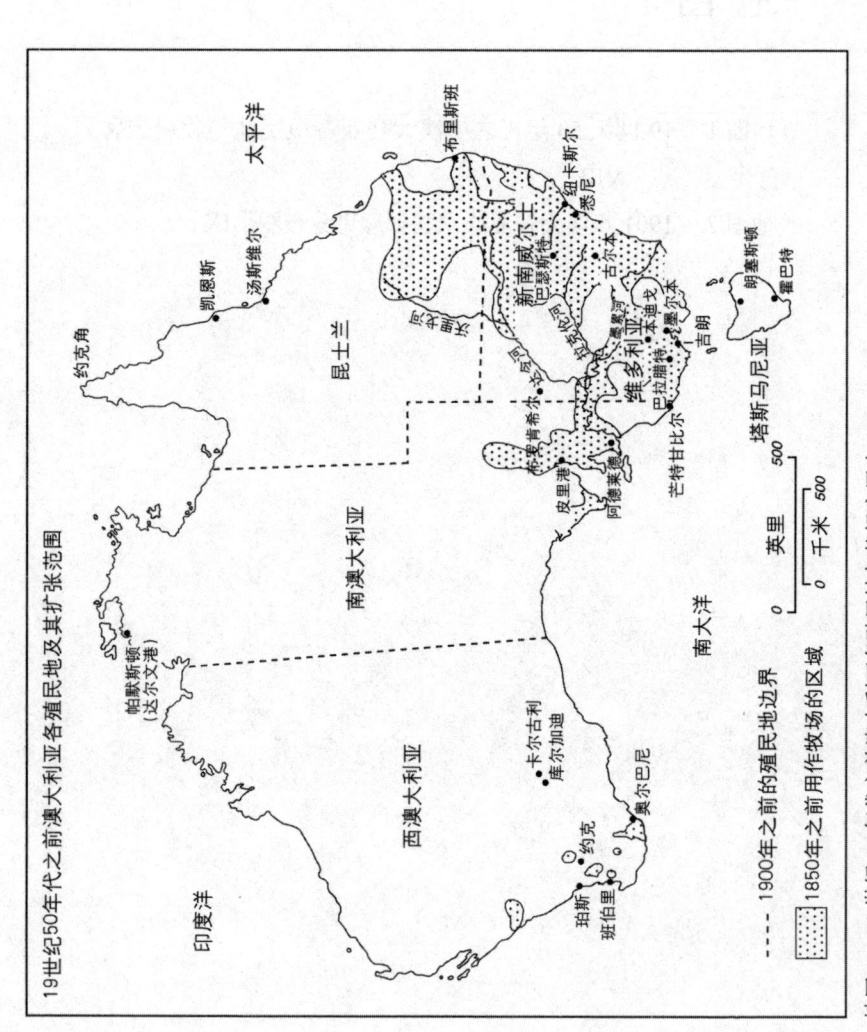

地图 1. 19 世纪 50 年代之前澳大利亚各殖民地与牧场定居点

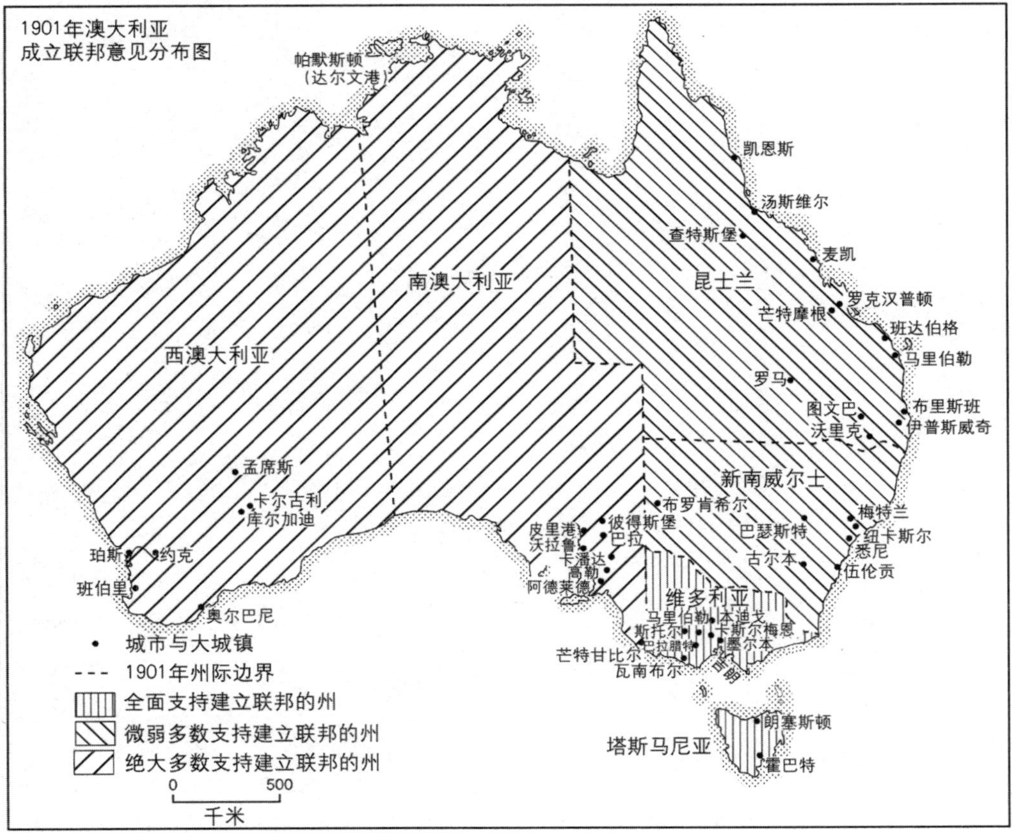

地图 2. 1901年澳大利亚成立联邦意见分布图

第一章

澳大利亚的形成

曾经一说到澳大利亚形成的时间，人们总是给出以下说法：澳大利亚现代史始于1770年詹姆斯·库克（James Cook）宣称新南威尔士属于英国，以及1788年英国囚犯流放地在悉尼湾建立之时。澳大利亚原住民从一开始就被排除在外。正因如此，沃尔特·默多克（Walter Murdoch）出版的教材《澳大利亚的形成：澳大利亚简史》（1917）指出，"人们所说的'澳大利亚史'是指生活在澳大利亚的白人的历史"，因为这里的原住民"根本没有什么历史可言"。而W. K. 汉考克（W. K. Hancock）所著的《澳大利亚》（1930）则称，澳大利亚历史始于英国小皮特（Younger Pitt）政府选择新南威尔士作为犯人流放地，以及澳大利亚出现畜牧业之时。1961年该书再版时，汉考克承认它对澳大利亚原住民缺乏论述，已经落后于时代。尽管如此，陈旧的思维模式仍在作祟，一直持续到20世纪70年代。举例来说，F. K. 克劳利（F. K. Crowley）在其编写的澳大利亚历史书中就极少提及原住民相关事务，他辩称：

有人指责我对澳大利亚原住民论述极少，我并不觉得有何不妥，这只是他们的观点而已。这说明他们明白了我们的意图，我们就是想说，在白人开拓者的早期历史中，澳大利亚原住民的作用很小。

如今持这种观点的人已经很少了，因为人们越来越了解原住民的过去，越来越认识到他们对澳大利亚历史的贡献。从另一方面讲，现代澳大利亚的体制、经济及政治和社会生活的方方面面与始于1788年的殖民和征服历史息息相关，不容抹杀。正因如此，澳大利亚原住民对澳大利亚发展所作的贡献与欧洲人不分上下，不可偏废。

这本澳大利亚简介概述了这个世界最大的岛屿大陆上人类漫长的定居历史，在欧洲人来到地球这一端之前，这段人类生活史已有数千年之久。同时，本书均衡地论述了欧洲人到达后，塑造澳大利亚的各种重要因素。它详述了澳大利亚原住民的生活、英国人和爱尔兰人的移民史，以及近年来欧洲大陆人、亚洲人和美国人对澳大利亚的全方位影响。本书旨在对各种有争议的话题进行审慎公正的归纳总结。澳大利亚是个相对和平的中等国家，国家建设成绩斐然，但我们不能避而不谈事关所有澳大利亚人的未解的社会及政治问题。不过，要想了解澳大利亚，首先要对澳大利亚的地理、气候和这里的人有一些基本了解。

自然与人文资源

澳大利亚的自然及人文资源塑造了澳大利亚特有的社会经济环境。在末次冰期，这里还被称为萨胡尔古陆，包含新几内亚岛和塔斯马尼亚岛，陆地面积要大于今天的澳大利亚。托雷斯海峡连接着新几内亚岛南部和澳大利亚最北端的约克角半岛，8000多年前，海平面上升，淹没了跨越托雷斯海峡的大陆桥，从而形成了一个新大陆。现在的澳大利亚是世界上面积最小、地势最平坦、气候最干燥的大陆，占地300万平方英里，居世界前七，东西宽

2500 英里，南北长 2000 英里。澳大利亚以平原为主，但在新南威尔士州的澳大利亚山脉也有崇山峻岭（比如著名的科西阿斯科山，海拔 7310 英尺，相当于珠穆朗玛峰的四分之一）；在地势较低的塔斯马尼亚州，亦可以找到 50 座海拔超过 3936 英尺的高山。

澳大利亚降水稀少，温度长期持续高于 30 摄氏度，因此气候常年干旱，尤其是在广袤开阔的内陆地区。事实上，过去 10 年是澳大利亚有记载以来最炎热的 10 年。澳大利亚有一半土地为干旱地区，约五分之一为沙漠，还有三分之一的陆地年降雨量少于 10 英寸。澳大利亚土地大多贫瘠，不适合农业生产。西澳大利亚州及北方领土地区处处可见沙漠。例如，位于西部高原的金伯利台地面积达 15 万平方英里，这里土壤贫瘠、岩石裸露，遍布着沙漠和半荒漠，完全不适合人类居住。澳大利亚旱灾频发，有时会持续数年。这种干旱天气主要由厄尔尼诺现象造成，即海洋与大气环流变化导致南方涛动负向变化。最严重的旱灾发生在 1895 年至 1902 年，遇上经济萧条更是带来了严重后果。从 1997 年到 2010 年，墨尔本地区遭受了有记录以来持续时间最长的旱灾。目前，西澳大利亚州部分地区降水极少，正经历着超乎寻常的干旱天气。澳大利亚农村地区还时刻面临着森林火灾的危险。未来，澳大利亚将一直受到缺水问题的严重困扰。不过，热带北昆士兰地区和北领地区的沿海地区倒是例外：两地的夏季为湿润的季风气候，会突降暴雨，如 2011 年大范围洪灾摧毁了昆士兰州南部大部分地区。这场灾难是由厄尔尼诺现象和每年带来湿润天气的季风低压槽共同作用导致的。

澳大利亚大陆与外界隔绝这一条件造就了这里独一无二的动植物群。但几百年过去，情况已今非昔比。澳大利亚曾经的森林和林地面积远胜今日。澳大利亚原住民有放火烧荒的习俗。他们烧掉坚硬的鬣刺草，在林中辟出道路；清除掉不合意的植物，为动物和昆虫留出栖息地，也为林间食物留出生长空间。然而这种习俗也毁掉了大量林木资源。拓荒者过度放牧，加之野兔泛滥，使内陆地区变得植被稀疏、沙丘遍布。我们从化石残骸可以看到，澳大利亚曾经生活着巨型鸸鹋和大型袋鼠。许多动物和植物物种已经灭绝，不见踪迹。澳大利亚有很多丛林地带，如悉尼西边林木茂盛的蓝山地区、昆士兰北部的丹特里热带雨林，以及塔斯马尼亚大片的寒温带雨林。但澳大利亚广袤的内陆地区却只有绵延不断、无人居住的平原。现代旅行者进入内陆探险，也许会以为澳大利亚是一个空旷的大陆。澳大利亚最常见的植物是各种金合欢树和桉树。在沙漠地带，小丛茂密的鬣刺草通常就是唯一能见到的植物了。澳大利亚的动物包括多种类型的毒蛇、野犬、袋鼠、小袋鼠、袋熊、考拉熊、食火鸡、塔斯马尼亚魔鬼（袋獾），以及澳大利亚独有的鸭嘴兽。

澳大利亚的人口和经济状况反映出这些地理及气候因素的影响，同时也让我们看到了原住民和移民是如何利用这块土地的。有考古证据显示，原住民在此生活了至少6万到7万年，而且可能超过了10万年。在此之前，世界上也只有中国、爪哇岛、东非，以及中东部分地区发现过人类生活的遗迹。澳大利亚曾经生活着大量的原住民：据称，1788年原住民人口介于60万至100万之间。这一古老族群过着半游牧生活，他们在土壤肥沃的河谷地带和沿海平原地区不断迁徙，足迹遍及整个澳大利亚。澳大利亚原住民没有土地私有这一概念，他们认为土地是神圣的，所有岩石沟壑、丛林树木都附着祖先的神灵。北领地区的乌卢鲁（早先被称为艾尔斯巨石）就是这样一个神圣的地方，它是世人最为熟悉的标志性原住民景观。

　　原住民靠每天采集食物生存。男性一般外出打猎，以获得肉类食物；女性则集母亲和采集者的任务于一身，她们采集水果、种子、坚果、浆果，也捕捉昆虫和小猎物。分享食物等集体行为较为常见。根据生存资源的多寡，原住民会用杀婴的手段来控制人口，即食物短缺时，已有一个待哺孩子的母亲会杀死新出生的婴儿。他们不喜定居，不事农耕，部分原因在于澳大利亚的降水变化无常。不同原住民族群之间虽然相互往来，但没有形成一个统一的民族。他们使用不同的语言，有各自的方言，不过语言相近的族群能够交流沟通。18世纪末至少存在着350种不同的原住民语言。他们靠口述传承文化，也使用与口语对应的手势语，后者主要用于存在语言禁忌的场合，如家族亲属之间，或举办丧事、举行男子成年礼时。原住民虽然有绘画留存下来，并代代传承族群记忆，但他们没有用文字记载的文化。

　　相比之下，澳大利亚白人移民则完全不同。原住民在澳大利亚生活了许多世纪之后，欧洲人才姗姗来迟。这些欧洲移民抱有一些根深蒂固的理念，如财产私有、定居务农、占领土地、开疆拓土、为帝国增添领地、与别国竞争。欧洲移民有着发达的文字印刷文化，不断推出法律、法规和条约。与原住民不同，他们对土地没有精神上的依恋，个个利欲熏心，渴望占有这里的土地。大多数移民集中居住在沿海地带，尤其是澳大利亚大陆的东南沿海地区。如今在澳大利亚的2200万人口中，有将近一半的人（900万）居住在悉尼和墨尔本。这两座大城市正是澳大利亚人口最多的两个州——新南威尔士州和维多利亚州——的中心城市。而在西澳大利亚、南澳大利亚和昆士兰各州，城市中心则更为分散，相隔较远。比如，从西澳大利亚州首府珀斯到最近的大城市阿德莱德的路程为1672英里，因此，珀斯算得上是世界上最独处一隅的城市。可以说，澳大利亚是一块地理状况和气候状况复杂多样的土地，但其自然环境不适合人类居住，因此想要大量增加人口可谓异想天开。

发现并占有澳大利亚这片土地

在白人移民踏入澳大利亚许多世纪之前，原住民就已经对这里的山山水水了如指掌，但他们分散而居，分布呈碎片化，天生不喜开疆拓土，也就意味着他们并未在这块大陆上散布自己所掌握的地理信息。而且原住民群体没有占有这块大陆的渴望，也没打算把自己的地方知识传播到更广阔的世界。欧洲人则正好相反。长久以来，他们一直对南半球某处可能存在的大片土地充满好奇，并最终导致大英帝国将这里收入囊中。自古以来，在哲学家和地理学家的想象中，整个世界包括一块"未知的南方大陆"。古希腊及古罗马哲学家认为，从理论上讲，应该存在这样一块陆地。公元150年至160年，托勒密（Ptolemy）将地图上的一大块陆地命名为"南方大陆"（Terra Australis）。公元5世纪，古罗马哲学家马克罗比乌斯（Macrobius）认为地球分为三个气候带，一块面积巨大的陆地占据了大半个南半球。

后世一些地图制图员在南半球海洋上画出一块大陆，但不知道该陆地的形状与大小。16世纪佛兰德制图员墨卡托（Mercator）和奥特柳斯（Ortelius）在他们绘制的地图上就画出了这样一块陆地。探险家讲述的内容使得这些地理学理论更加鲜活。13世纪，马可波罗（Marco Polo）

在中国听到南半球有一块富饶之地的传说。中世纪时,印度人、希腊人、中国人和阿拉伯人都曾在文献中记载爪哇岛以南的某个地方有一个王国,而且还绘声绘色地描述了黄金宫殿和传说中的猛禽。不过,这些奇思妙想的故事都未得到证实。

从 1492 年哥伦布发现美洲大陆,到法国大革命和拿破仑战争(1793—1815),西欧贸易大国在此期间开展了一系列海上活动,真正找到了这块南方大陆。在这段漫长的历史时期,欧洲航海家一点一点地发现了澳大利亚,它成了地球上最后一块被欧洲人发现的有人类居住的大陆。因对浩瀚的太平洋和澳大利亚地理的认识残缺不全,这些欧洲人历经数百年才最终看清它的庐山真面目。太平洋覆盖了地球表面三分之一的面积,相当于全世界所有陆地面积的总和,但直到 18 世纪末,欧洲人才绘制出这片汪洋大海的全貌,并标记航路。17 世纪之前,许多航海家缺乏足够的资源,也得不到政府资助,无法开展对太平洋的探索。而且,1800 年之前,人们对澳大利亚地理的了解常常都是一鳞半爪或为主观推断。

1521 年到 1524 年间,葡萄牙航海家可能进行过一次秘密航行，目的就是寻找澳大利亚，但是否真有此次航行，人们并未发现确凿证据。人称"迪耶普地图"的法国海图提及了此次航行，描绘了南半球一处叫作大爪哇的大陆。不过，这些地图使用的图解反映的是苏门答腊岛的动物和人种，而非澳大利亚的情况，而且这些地图是由水手的海图拼凑而成的。西班牙人对澳大利亚也充满好奇，但他们的探索亦收获寥寥。1567年，西班牙航海家阿尔瓦罗·德·门达尼亚（Alvaro de Mendana）从西班牙统治的秘鲁出发，向西南太平洋航行，到达所罗门群岛。1595年，他又开始了第二次航行，其间发现了马克萨斯群岛。1605年至1606年，葡萄牙航海家佩德罗·费尔南德斯·德·基罗斯（Pedro Fernandez de Quiros）从秘鲁出发，穿越太平洋，到达新赫布里底群岛。这些航海家都希望在南太平洋中找到一块大陆，可惜他们未能继续朝着西南方向航行，因此没能见到澳大利亚的身影。1606年，路易斯·巴埃斯·德·托雷斯（Luis Vaez de Torres）穿越托雷斯海峡（该海峡现以他的名字命名），到达澳大利亚以北。但他的航线靠近新几内亚岛海岸，因此与澳大利亚大陆失之交臂。这些航海活动零零散散，各自为战，皆因西班牙和葡萄牙这两个伊比利亚半岛国家对发现澳大利亚没多大积极性。

在欧洲人发现澳大利亚的过程中，荷兰人扮演了重要角色。1602年，荷兰人成立荷属东印度公司，开始远航前往印度尼西亚群岛寻找黄金和香料，而且从爪哇岛继续南下，他们可以寻找更多财富。1606年，威廉·扬松（Willem Janszoon）率领20米长的"杜伊夫根"号（Duyfken，荷兰语，意为"鸽子"）从荷兰出发驶往东印度群岛，途中到达新几内亚岛和约克角半岛。此次航行是欧洲人踏上澳大利亚的第一条确凿证据。1642年和1644年，为了确认澳大利亚（当时他称之为新荷兰）是否为一块更大的南半球大陆的一部分，阿贝尔·扬松·塔斯曼（Abel Janszoon Tasman）完成了两次航行。他在第一次航行时发现并命名了范迪门地，也就是今天的塔斯马尼亚岛。他原本准备在此登陆，但海况恶劣，且船员害怕遇到巨人怪兽，心生畏惧，他的计划受阻。塔斯曼当时只是沿着范迪门地的南部和东部航行，并未绕岛一周，因此未能发现这里只是一个岛。他的第二次航行主要是为了绘制澳大利亚西北部海岸的地图。塔斯曼两次航行均未能如愿找到有贸易前景的新地点，也没有发现适合东印度公司船只行驶的太平洋航线。东印度公司的常规航线是向东行驶，跨越印度洋。到17世纪晚些年，这些船只在澳大利亚西海岸靠岸已成常事。1696年，威廉·赫塞尔斯·德·弗拉明（Willem Hesselsz de Vlamingh）率领荷兰人进行了最后一次寻找南方大陆的重要航海活动，但此次探险结果令人失望：他先是到达了今澳大利亚西南部的弗里曼特尔附近，接着向北行驶到西北角，随后便放弃探寻，不再前行。

18世纪，欧洲人对人类和自然界的态度发生了转变，愈加重视对太平洋的探索。一些有学之士对蛮荒世界的人类状况越发兴趣盎然。科学界的好奇心推动人们在植物学和动物学领域不断有所发现。启蒙运动思想强调人类通过不断认识世界而取得进步。同时，西欧国家通过开展贸易和建立海外殖民地实现发展。英国在这些方面更是捷足先登，成绩骄人。这都要归功于伦敦英国皇家学会孜孜不倦的努力；归功于约瑟夫·班克斯爵士（Sir Joseph Banks）对新知识的采撷者慷慨解囊；也归功于英国海军部及经度委员会对海洋探索情有独钟。实用知识和天马行空的文字作品同样激励着人们去探索奇妙的南方大陆。海盗兼冒险家威廉·丹皮尔（William Dampier）于1688年登陆澳大利亚西海岸的经历广为人知,他告诫人们那里气候干旱,不适宜人类居住。丹皮尔对原住民的生活习惯也多有贬损。乔纳森·斯威夫特(Jonathan Swift)的小说《格列佛游记》(1726)讲述了"一位有品位的人士在未知的南方大陆的经历"。他笔下那个独具异国情调的虚构社会就位于澳大利亚外海的岛屿上。18世纪40年代,旅行作者约翰·坎贝尔(John Campbell)借用塔斯曼的话,他说不管是谁,只要发现了南方大陆并在此定居,"就绝对拥有了富饶美丽、有发展前景的土地,这里完全不逊色于迄今所发现的任何一个地方,不管是在东印度群岛,还是在西印度群岛"。

七年战争[1]后,越来越多欧洲人热衷于找到那块巨大的南方宝地。1766年至1769年,塞缪尔·沃利斯(Samuel Wallis)和菲利普·卡特里特(Philip Carteret)受命远航,寻找南半球霍恩角和新西兰之间的某片或数片大面积陆地。沃利斯到达了塔希提岛,卡特里特则发现了皮

---

[1] 七年战争:1756年至1763年间欧洲主要国家组成的两大交战集团在欧、美、印度等广大地域和海域进行的争夺殖民地和领土的战争。(引自《中国大百科全书(第二版)》)——译注,下同

特凯恩群岛，可惜两人都没能发现澳大利亚。18世纪晚些年，法国海军探险队也抱着科学探索的目的活跃于太平洋海域。1788年1月，英国第一舰队载着囚犯到达植物湾后不久，拉彼鲁兹伯爵（Comte de Lapérouse）率领的大洋洲探险队接踵而至。但是，由于没有接到命令，拉彼鲁兹未宣示法国拥有澳大利亚这块土地，并随即驶离，最终在所罗门群岛一带触礁沉没。1791年9月，海军少将布鲁尼·当特勒卡斯托（Bruni d'Entrecasteaux）从法国出发，去寻找拉彼鲁兹。第二年，他对范迪门地以及西南澳大利亚的部分地区进行探险，但此行未能找到同胞，他本人还由于患上坏血病死于航海途中。拉彼鲁兹探险队到底去了何处一直是个谜，直到40年后，人们在瓦尼科罗岛环礁一带发现失事船只的残骸，他们的结局才水落石出。

比起这些探险家，詹姆斯·库克更具雄心壮志。用他自己的话来说，他要"比所有前人都航行得更远"，而且"人能走多远，我就走多远"。库克决心拓展当时人们的地理知识边界。他在太平洋的三次著名航行（1768—1780）极大地丰富了有关从阿拉斯加到塔希提岛、从新西兰到澳大利亚东海岸的太平洋海域的地理知识和航海信息。1770

年6月，库克率领"奋进"号进行的第一次太平洋航行抵达植物湾，即如今悉尼的南部，并在那里停泊了八天八夜。在两个月的时间里，他测绘了澳大利亚部分东部海岸线，并于1770年8月22日，在托雷斯海峡（同植物湾一样，他给此地起了名字）的占领岛上，以乔治三世（George III）的名义将自南纬38度线起的澳大利亚地区据为己有，命名为新南威尔士。库克对原住民的态度比丹皮尔要正面

图1. "1770年库克船长在植物湾登陆"（1902），E. 菲利普斯·福克斯（E. Phillips Fox）绘

一些,他认为这些原住民在自然状态下"过得比我们欧洲人快乐多了"。不过,他对英国占据澳大利亚土地的做法心安理得,毫无愧意。

对英国将澳大利亚据为己有这件事,原住民的记忆完全不同于库克的强势帝国主义论调。生活在澳大利亚北部地区的原住民哲学家霍布里斯·达奈亚里(Hobbles Danaiyarri)的一番话最为确切地表达了他们的心声。在1982年转写的叙述中,他将库克当作一个集合名词:

> 你们,库克船长,是你们带来那么多新人。你们为什么不能公平对待我们?……我们所说的澳大利亚本该属于我们原住民,但却被拿走,你们拿走了这块土地,拿走了矿产,拿走了金子,拿走了所有东西,统统拿回你们大英帝国。

库克以及后续探险家的扩张行径欧洲人早已习以为常,他们毫不顾及原住民的所思所想。

继库克之后,其他探险家对澳大利亚东部沿海进行了更广泛的测绘。马修·弗林德斯(Matthew Flinders)与好友乔治·巴斯(George Bass)于1798年至1799年发现了巴斯海峡，从而证明范迪门地不过是澳大利亚大陆之外的一个岛。接着，从1801年12月到1803年6月，弗林德斯率领由英国资助的皇家海军"调查者"号进行了环澳大利亚航行，这是第一次由海军探险家实施此类活动。弗林德斯绘制了澳大利亚大部分沿海地区的地图，并命名了大量海角、小海湾和半岛。他对原住民和卡奔塔利亚湾的景色尤其感兴趣。由尼古拉·博丹（Nicolas Baudin）率领的法国探险队作为竞争对手，也对维多利亚和南澳大利亚部分沿海地区进行了测绘，他们的航线与弗林德斯有所重合。不过，与英国人不同，法国人并没有在澳大利亚驻扎下来。1814年，弗林德斯临去世前出版了《南方大陆之行》，书中展示了被他称作澳大利亚的这块大陆的地图和海图。1818年到1822年，菲利普·帕克·金（Phillip Parker King）进行了四次航海探险，完成了对澳大利亚西北海岸的测绘工作，这是弗林德斯在环澳大利亚航行时因船只漏水而被迫放弃的目标。

到19世纪20年代，人们已经知晓并记录了澳大利亚海岸线的主要轮廓和特征，但对澳大利亚内陆地区的了解仍相对较少。1813年，有探险家首次翻越蓝山山脉，但对内陆的探索一直令人望而生畏。查尔斯·斯特尔特（Charles Sturt）率领探险队三次深入内陆地区寻找内海。1828年至1829年，他顺着多条南流的小河找到一条大河，即达令河，从而证明新南威尔士境内向西流淌的河水并非一片内海。直到1829年至1830年斯特尔特进行第二次探险，发现墨累河的走向时，他才找到河流的最终归宿。但这一发现令他颇感失望，因为墨累河的出海口由一些沙洲和潟湖组成，船只无法通行。1844年，斯特尔特进行了第三次考察，范围涵盖新南威尔士和南澳大利亚，目的是找到澳大利亚的中心地带。但斯特尔特不幸患上坏血病，考察队陷入困境，不得不被营救出来。其他内陆探险活动同样付出了生命代价。1848年，普鲁士探险家、博物学家路德维希·莱希哈特（Ludwig Leichhardt）在私人赞助下尝试由东向西穿越澳大利亚内陆，但在途中失去踪迹。1860年至1861年，罗伯特·奥哈拉·伯克（Robert O'Hara Burke）和威廉·约翰·威尔斯（William John Wills）筹得捐款，率领一支由19人组成的探险队从墨尔本出发，由南向北前往卡奔塔利亚湾，行程2000英里。但成功完成此次探险后，在返回途中，有七人死在库珀河，部分原因是患上脚气病，最终只有一人回到墨尔本。不过，尽管付出了生命的代价，但此次探险终于得以证明澳大利亚不存在内陆海。

囚犯历史

澳大利亚的白人殖民史以一种不同寻常的方式拉开了帷幕。当年首批乘船抵达澳大利亚的是英国流放的囚犯。这支船队由11艘船组成，与囚犯同行的还有海军军官、外科医生、海军陆战队员、家眷、押送水兵，以及少量平民。船队指挥官为阿瑟·菲利普（Arthur Phillip）。船队于1787年5月13日离开英国朴次茅斯港，并于1788年1月26日（现为澳大利亚日）到达悉尼港。这很可能是近代史上唯一一个以囚犯为主要人口建立海外殖民地的例子。英国政府此举的主要目的在于建立一个遥远的重罪犯流放地。将犯人流放异乡是一种重要的次级处罚手段，已沿用几十年。此前，英国议会于1718年通过一项法令，批准将犯人流放至北美。1776年之前，已经有五万多名英国和爱尔兰囚犯被送到弗吉尼亚州和马里兰州的烟草种植殖民地。自从英国人丢掉北美各殖民地之后，贸易活动被迫中断。囚犯当时被监禁在英国本土被称作"囚船"的废旧战舰上，然而英国在独立战争中战败，必须找一个新的放逐之地。可英国人发现，能考虑的各放逐地其资源不足以接纳这些囚犯，包括西非的沃尔特湾。于是，1786年8月，小皮特政府决定将囚犯流放到新南威尔士。

至于这个犯人流放计划是否出于商业动机，或海军方面和战略方面的考量，历史学家一直争论不休。小皮特政府肯定明白，英属东印度公司可以借助悉尼定居地获得商机。政府也知道，诺福克岛盛产亚麻，能助英国海军一臂之力。此外，政府也考虑到悉尼作为港口具有重要战略意义，可以抗衡西班牙人和法国人在南太平洋的探索活动。但这些额外的动机是否构成流放犯人至此的主要原因，则还未得到证实。不过，从政府下令第一舰队出海，到他们抵达悉尼，明显可以看出英国政府在此期间为促进大英帝国发展而制订了在新南威尔士建立殖民地的计划。随后，搭载着英国和爱尔兰囚犯的船队陆续驶往新南威尔士。不仅如此，从1812年和1850年起，重罪犯还被分别送往范迪门地和西澳大利亚。从1788年到1868年，超过16万名囚犯抵达澳大利亚，高峰期为1815年之后的25年。在此之后，由于人们的观念发生了变化，不再认为流放犯人是一种行之有效的刑罚措施，新南威尔士、范迪门地、西澳大利亚分别于1840年、1853年和1868年停止接收流放囚犯。

从狄更斯（Dickens）《远大前程》（1860—1861）中的逃犯马格维奇，到罗伯特·休斯（Robert Hughes）的畅销书《致命海岸》（1987），这些家喻户晓的对囚犯形象的描绘突出展示了重罪犯声名狼藉、阴森可怖的一面。狄更斯的小说开篇就向人们展示了见不得光的底层犯罪世界。休斯则将新南威尔士描绘成一座巨大的监狱，一个位于南半球的劳改营。更早一些的作家，如詹姆斯·米迪（James Mudie），也在作品中详尽描绘了可怕的囚犯生活图景。米迪于1822年至1838年在新南威尔士生活，拥有一片田产，雇用了囚犯劳力。他认为那些囚犯

是从英国的自由之树上砍下的残枝烂叶……他们的罪行令人发指，为英国这块净土所恐惧、所憎恶、所抛弃，只得流亡赎罪……他们大逆不道，绝大多数人的命运掌握在母国手里。

马库斯·克拉克（Marcus Clarke）的小说《无期徒刑》（1874）则将囚犯遭受的非人待遇大白于天下。澳大利亚的一些罪犯遗迹，如悉尼的海德公园军营、塔斯马尼亚阿瑟港的犯人流放地，无不让人想起这些被流放者曾经经历的惩罚、痛苦和恐惧。

尽管有上述证据，但我们还是应该看到流放制度在澳大利亚规范的一面。大多数重罪犯都是因小偷小摸或大盗窃罪而被判刑七年，只有少数人被判14年刑期或终身监禁。他们往往来自社会底层，大多因生活所迫而偷盗，并非偷摸成性的惯犯。将这些犯人看作一个罪犯阶层有失公允。因为在这些被流放者中，很少有真正的强奸犯、杀人犯或过失杀人犯。有一小部分人是政治异见者，其中包括1798年爱尔兰起义后被流放的人，以及19世纪30年代同情政治激进派——如托尔普德尔蒙难者——的人士，他们因为触犯了一条有关宣誓的不知名的法律而被判流放。犯人大多数为男性，范迪门地的男重罪犯与女囚比例为4∶1。人们依然大肆谣传许多女重罪犯道德败坏，或说她们是妓女，但这种观念主要反映的是19世纪普遍存在的对流放犯人的道德谴责，而非实际情况。

囚犯来到澳大利亚后，成为建设殖民地所急需的劳动力。最初他们受雇于军人看守，从事建筑劳动，城市贸易，以及犁耙土地、饲养牲畜这样的农活。有一技之长的犯人更是颇受青睐。犯人似乎组成了能干高效的劳动大军。如果他们在一段时间内表现良好，还可以向总督申请假释许可证，到社会上打工挣钱。这些犯人并不住在监狱里，也不与自由民隔离。事实上，甚至在悉尼殖民地建立初期，就已经有犯人从事买卖和贸易，他们与狱卒没有多少联系。男女犯人之间不设隔离，殖民地还鼓励他们结婚成家。他们的孩子一出生就是自由之身。他们自己也享有一定法律权利。在新南威尔士，他们有权向刑事法庭提交证据。解除犯人身份的人可以成为雇主，雇用那些仍在服刑的重罪犯。很多犯人来到澳大利亚时地位卑微，但经过自身努力最终成为受人尊重的社会成员。他们大部分人都能够顺利完成身份转换，成为普通百姓。

但不容置疑的是，流放生活苦多过甜。到 19 世纪 20 年代和 30 年代，那些冥顽不化的累犯被重新发配到荒凉偏远的惩戒所，如位于范迪门地西部的孤零零的前哨站麦夸里港，或距澳大利亚东海岸 870 英里的小小定居地诺福

图 2. 《政府组织的劳改队伍，悉尼》（1830），奥古斯塔斯·厄尔（Augustus Earle）绘

克岛。被发配到这些地方的犯人有时会遭禁闭、被剃发。所有犯人都会被罚款、获警告、受鞭笞。这些体罚和法律方面的限制似乎将他们与外面的自由社会隔绝开来。在英国、爱尔兰和澳大利亚，对流放的重罪犯的道德谴责一直延续到维多利亚时代。在澳大利亚，到19世纪20年代，自由移民往往称自己为"外人"，以区别于"刑满释放人员"（前罪犯）及其子女。这些孩子被称为纸币仔和纸币女，因为人们认为当时发行的纸币比硬币低级。各群体之间有时存在着社会隔阂。不过，由于他们彼此不断交往、

通婚，而且后来移民也认识到，前罪犯与自由移民一样，同样对殖民地经济发展作出了重要贡献，社会隔阂逐渐消除。

最早为刑满释放人员呐喊的是威廉·查尔斯·温特沃思（William Charles Wentworth）。他所创办的《澳大利亚人报》于1824年10月首次发行。温特沃思撰文称，澳大利亚所有移民理应享受"公平待遇"，这一观念伴随着澳大利亚走入现代社会。然而，与囚犯相关的社会印记却久久无法抹掉。1864年，英国读者会看到这样的话："没在澳大利亚生活过的人不可能真正体会那种普遍存在的对流放制度的深恶痛绝。"直到20世纪60年代和70年代，澳大利亚人才愿意承认自己的祖辈曾是囚犯，这是这个国家的出身所洗刷不掉的耻辱。不过，今人说起自己的囚犯祖先时已不再羞于启齿。现在，人们在参观悉尼的岩石区时，可以亲眼看到这一历史地标，或许还能真切感受到那种氛围——那里正是囚犯最初定居新南威尔士的地方。

殖民地时期的澳大利亚移民社会

在第一舰队抵达澳大利亚后的头30年，白人移民规模一直相对较小，这是因为拿破仑战争的军事需求减缓了流放犯人的速度。到 1810 年，新南威尔士的白人人口为 1.2 万，其中包括囚犯、陆军和海军官兵，以及个别自由移民，如律师、神职人员和医生。在接下来的 70 年中，澳大利亚非原住民人口大幅增长，至 1850 年淘金热前夕，已达 40.6 万；1870 年增至 164.8 万。在接下来的 30 年中，澳大利亚人口继续增长。整个 19 世纪澳大利亚都呈现人口的自然增长，而 19 世纪 50 年代和 80 年代为移民人数激增时期。到 1901 年澳大利亚建立联邦制，成为一个国家时，总人口已达到 377 万。约 78% 的人出生于澳大利亚本土；18% 来自英伦诸岛；2% 来自其他欧洲国家；只有不到 2% 的人来自亚洲及太平洋国家。

从 1831 年到 1900 年，在 147 万涌向澳大利亚各殖民地的移民中，有一半拿到了英国政府发的路费补贴。爱德华·吉本·韦克菲尔德（Edward Gibbon Wakefield）推出系统的殖民政策招募移民，把在澳大利亚出售土地的收入用作路费补贴，发放给那些乘坐政府包船前往澳大利亚的移民，许多人便是通过上述方式来到了澳大利亚。不过，除此之外，还有其他多种选择和招募移民的计划。绝大多数澳大利亚移民都来自英国和爱尔兰。为简单起见，我们统称他们为盎格鲁-凯尔特人，因为从政治意义上讲，当时的英国和爱尔兰共同组成联合王国。然而，在宗教信仰方面，英国移民与爱尔兰移民差异显著。大多数爱尔兰移民信仰天主教，而许多英格兰移民信仰英国国教，许多苏格兰移民则为长老会信徒，他们的教育、文化和政治观念迥然不同。所以说，19世纪的澳大利亚是盎格鲁-凯尔特框架内的多元文化社会。

这些殖民地移民有些属于中产阶级，有专业背景，但大部分来自下层社会，从事技术类和半技术类工种。很少有贵族移民澳大利亚，因为他们没有必要到这样一个山高水远的地方寻求机遇。因此，在象征社会阶层的垂直金字塔中，底层人口占殖民地时期澳大利亚社会结构的最大比重。除了占社会主体的英国移民和爱尔兰移民，这里还能找到人数较少的其他移民群体。如德意志的路德派教徒，他们于19世纪30年代和40年代来到南澳大利亚部分地区定居。华人移民则是在淘金热时来到澳大利亚的。在昆士兰北部热带地区还有波利尼西亚人、美拉尼西亚人和少量意大利人，他们在这里的甘蔗园找到工作和居所。这些移民在适应澳大利亚生活的同时，也保留了各自的民族特性。在 19 世纪 80 年代之前，这些殖民地上的移民认为自己是昆士兰人、维多利亚人、南澳大利亚人等等。但在这之后，白人则开始更多地认同自己是澳大利亚人。

澳大利亚白人移民的地盘不断扩大，其决定因素是多样的。拓荒者和前罪犯的后代逐渐散布到蓝山山脉以西的新南威尔士腹地以及菲利普港区——维多利亚西部的丰饶草场也位于这片土地上，托马斯·米切尔（Thomas Mitchell）称之为"幸运的澳大利亚"。他们选择土壤肥沃、适合牧羊的丛林地带安家落户。到 1803 年，新南威尔士的移民又移居到范迪门地，这里于 1824 年成为英国殖民地。新殖民地纷纷建立起来，包括西澳大利亚——最初被称为斯旺河殖民地（于 1829 年）、南澳大利亚（于 1836 年）、维多利亚（于 1851 年）和昆士兰（于 1859 年）。维多利亚建立在 1843 年菲利普港区所划定边界的基础上。南澳大利亚、维多利亚和昆士兰都是从"大"新南威尔士殖民地划分出来的。范迪门地于 1856 年更名为塔斯马尼亚。每个殖民地都建有各自的首府和港口：新南威尔士的首府及港口是悉尼；范迪门地的首府及港口是霍巴特；西澳大利亚的首府是珀斯，港口为弗里曼特尔；南澳大利亚的首府是阿德莱德，港口为阿德莱德港；维多利亚的首府及港口是墨尔本；昆士兰的首府及港口是布里斯班。各殖民地首府吸纳了大多数移民；除了珀斯，它们都与物产丰富的内陆地区联系密切。人口增长、殖民地扩大也受到城市贸易、畜牧业和采矿业带来的经济机遇的刺激。

移民与原住民为控制土地和资源发生争夺。虽然这些文化上有着天壤之别的族群经常联手合作，但也屡屡发生摩擦和暴力事件。18世纪90年代，在新南威尔士的霍克斯伯里河地区，原住民与移民发生了冲突。移民向原住民开火，称原住民破坏了他们的庄稼。原住民则成群结队攻击移民作为报复。1824年到1836年间，范迪门地总督乔治·阿瑟（George Arthur）听信了移民的谗言——他们称原住民是阴险邪恶的种族，于是他实施了极为严酷的政策，将原住民从定居点驱赶到岛的西部边缘地带。1838年，利物浦平原地区，也就是今天的新南威尔士州北部，发生了一连串屠杀原住民事件，最著名的是迈奥尔溪屠杀：6月10日，移民杀害了30名手无寸铁的原住民，以报复他们袭击牲畜的行为。

如何评价边界地区的冲突，如今人们各执一词。不断有证据浮出水面，证明原住民在抵抗移民过程中的死亡人数实际上被夸大了。当然，要想准确判定这一人数非常困难，甚至是不可能的，但原住民和移民双方都参与了危险的暴力活动，这是毫无疑问的。有关英国移民和爱尔兰移民对原住民实施了种族灭绝政策的说法并无实证，但边界地区发生野蛮暴行、有人丧命却是屡见不鲜的。不管被杀人数多少，欧洲移民制服了原住民并成为主宰，这已成为现实。由于暴力冲突，以及原住民与欧洲人接触染上疾病，原住民人口急剧下降。例如，18世纪90年代，天花夺去悉尼湾地区一半原住民的性命。移民的暴行与疾病传播使范迪门地的原住民人口从1788年的4000至6000人锐减到19世纪30年代的300人。

就在原住民沦为殖民扩张牺牲品的同时，移民生活普遍大为改善。到19世纪后半叶，澳大利亚已经作为劳动者的乐园而声名远扬。大多数人的生活水平高于英国同等社会地位的人。澳大利亚人的肉类消费量高于英国人。他们的平均工资更高。随着主要大城市向郊区发展，他们的住房条件常常更为优越。与欧洲人相比，澳大利亚人在冬天用的燃料更少。而且，由于这里的工会势力更为强大，工人在工作场所的待遇要比英国工人更有保障。到19世纪80年代，悉尼北岸的曼利地区已经成为南半球劳动者天堂的缩影。当时流行着一句口号："悉尼近在咫尺，烦恼远隔千里。"

不过，这一美好画面不能反映所有实际情况。殖民地时期的澳大利亚对技术工人来说可能是劳动者的天堂，但对非技术工人来说并非如此。经济的繁荣与萧条也影响着就业市场，尤其是在19世纪40年代初的农业衰退时期，以及19世纪90年代初的经济大萧条时期。在殖民地时期，澳大利亚的劳动人口具有很强的季节性，这对工人的生活影响很大，比如很多工人一年中收入时高时低，很不稳定。不仅如此，总会有人时运不济，靠救济生存。19世纪末，悉尼和墨尔本的贫民区卫生条件恶劣，使澳大利亚的形象大打折扣，遮掩了其作为劳动者发财致富的理想家园的光辉。

太平洋的白人堡垒

1901年澳大利亚联邦建立时，这个新的国度实际上是白人在太平洋构筑的堡垒。早在联邦建立之前,后来成为澳大利亚第一任总理的埃德蒙·巴顿(Edmund Barton)就在辩论中呼吁,有必要维持澳大利亚的盎格鲁-凯尔特白人传统,并将亚洲人挡在这个国家之外。他说:"人人平等的原则从来就不代表英国人与中国人[1]之间相互平等。"澳大利亚第一任司法部长,后三次担任总理的艾尔弗雷德·迪金(Alfred Deakin)有着同样的论调。他写道:"澳大利亚在自己的领地上将不接受任何不符合英国特性或英国宪法规定的人,或任何无法立刻皈依英国国教的人。"对那些因种族原因不符合这些条件的人,"我们的政策是拒之门外"。这就是人们常说的"白澳政策"。在澳大利亚联邦议会通过的首批法案中,有两项迅速、全面地贯彻了这一政策。1901年通过的《移民限制法》有效地阻止了非欧洲裔移民进入澳大利亚。同年通过的《太平洋岛民劳工法》则规定波利尼西亚、美拉尼西亚和其他太平洋岛屿族群的人将被遣送回原籍,而且,1904年之后,这些人均不被允许移民澳大利亚。排斥移民的标准方式是

---

[1] 原文"Chinaman"又译为"中国佬",常用作对中国人的贬称。

进行一个50字的听写测验,该测验于1897年首次应用于英国在南非的纳塔尔殖民地。这种选择某种语言的测验是有目的性的,为的是让亚洲和其他非英语移民事实上无法通过。

自从欧洲移民来到新南威尔士,这些白人就对原住民产生了种族歧视。后来亚洲移民也成为他们眼中的种族威胁和文化威胁。淘金热时期,殖民地的人担心来自东方的淘金者带来异国文化和劳动力竞争(即所谓的"黄祸"),以至他们在19世纪50年代和60年代初出台了针对华人的法律法规——他们视华人为来自亚洲的最大威胁。淘金热结束后,这些法律即被废除。19世纪80年代,随着华人移民再次涌入澳大利亚,白人与华人的摩擦再度出现。与此同时,为昆士兰制糖业提供了廉价劳动力的"卡纳卡",即来自太平洋岛屿的岛民,也引发了白人的种族情绪。社会达尔文主义歧视亚洲人种,其传播更是助长了澳大利亚人对非白人移民的排斥。"白澳政策"的核心就是种族主义,20世纪初南非、美国等其他一些国家的做法与其一脉相承,目的就是根据"全球肤色线"来限制移民。

"白澳政策""在经历了缓慢长久的挣扎后才寿终正寝",这正说明直到 20 世纪中期,澳大利亚基本上只认同自己与英国和爱尔兰的渊源。

1958 年出台的一部《移民法》取缔了听写测验,并避免采用与种族相关的移民限制措施。不过,"白澳政策"依然死而不僵。此时,澳大利亚对来自各种文化背景和地域背景的移民摆出更加友好的姿态。政府对这些移民所采取的更为积极的态度也影响了政府对原住民的政策。1966 年,政府放宽了对非欧洲移民的政策限制。1973 年,"白澳政策"终于土崩瓦解:澳大利亚移民政策中不再包含种族因素,而且移民只要在澳大利亚生活满三年,便可获得公民身份。

原住民及其抗争

澳大利亚白人与原住民之间的关系充满紧张冲突,这是由于两种文化对土地资源、社会结构和种族规范的看法是相互对立的。欧洲移民认为他们有权从这片土地原有的主人原住民那里获得土地资源,一如 19 世纪他们在美国、南非和新西兰等多地的所作所为。这种掠夺土地的行为势必造成双方边界地区的冲突。于是，惩罚性征战和暴力冲突在原住民与移民之间不断上演，如1840年发生在南澳大利亚库龙潟湖、1841年发生在鲁弗斯河以及其他地方的事件。另一些冲突在前文已经提及。移民在这些边界地区建立起地方警队以保护一方土地，因此，有时警队招募的原住民会对奋起抗争的原住民同胞暴力相向。19世纪70年代，这种情况在昆士兰边界地区屡见不鲜。虽然原住民顽强抵抗，但移民总是处于实施法律和维护秩序的主导地位。1859年，维多利亚古尔本河谷的一些原住民族群发起请愿，要求归还土地，于是维多利亚政府为他们辟出一部分保留地。澳大利亚其他地方也出现过这种要求归还土地的行动，但原住民极少得到满意结果。

许多殖民地政府，以及后来的州政府，对原住民族群的社会结构和行为不以为意。政府官员认为，原住民在澳大利亚开拓发展过程中发挥不了什么作用，因此要么就得被圈在保留地里，要么就融入白人社会。这种心态反映出白人对原住民的优越感，以及嫁接到地球另一端的欧洲文明高于停滞落后的原住民文化的观点。1866年2月17日的《德尼利昆纪事报》写道："野蛮种族将在白种人的道路上销声匿迹,并不是通过血腥残忍的杀戮与荼毒,而是通过循序渐进、大有裨益的融合与吸收。"然而,比种族融合更常见的情况是种族隔离,其中一个臭名昭著的手段是将原住民的孩子从原生家庭带走。从1883年到1969年,新南威尔士政府通过儿童福利立法,获得了将这些孩子夺走的权利。20世纪20年代,在北领地区,警察强行将原住民与欧洲人所生的混血孩子从父母身边带走。各州政府专门给皮肤黝黑的原住民设立了保留地,因为政府认为原住民的肤色注定将使他们与其他澳大利亚人分而居之。这样一来,在20世纪前半叶,昆士兰州原住民被聚拢起来,赶到由州政府管制的大面积保留区。当时人们普遍认为,随着原住民迅速死于欧洲人带来的疾病,如胃病和流感,原住民问题终将不复存在。

原住民普遍抗拒融入澳大利亚白人的生活方式。19世纪10年代,总督拉克伦·麦夸里(Lachlan Macquarie)试图培训原住民成为自耕农,但以失败告终,因为原住民对农业耕种兴味索然。基督教传教士则试图教化原住民,使他们熟悉白人的穿着打扮、行为举止、宗教规范,了解对大英帝国的忠诚,但同样竹篮打水,白费力气。20世纪初，在北领地区和昆士兰州的牧牛区，原住民与白人倒是和睦相处，这里的原住民适应了白人的养牛方式，学会了照料牲畜的技能并加以改造，以满足自己的需求。但比起这种积极适应的例子，更常见的情况要么是原住民生活在保留地，与白人彻底隔离，要么是白人努力同化原住民。20世纪50年代，联邦政府着手实施一项更为彻底的同化政策，目的是将原住民纳入西方教育、培训和卫生体系，但这种做法延续了家庭隔离的传统。当然，到20世纪中期，在整个澳大利亚，常有白人男性与原住民女性结合的例子，也有少数原住民男性与白人女性结合的情况。不过，这种结合建立的家庭经常受到社会歧视。

多元文化的澳大利亚

第二次世界大战之后，澳大利亚社会文化已变得更加多元，这不仅体现在人口构成更加复杂，也体现在政治体制更加宽容，部分原住民被政府吸纳。1945年战后不久，大体上旨在保护盎格鲁-凯尔特人的移民政策所构筑的白人壁垒开始崩塌。战后经济重建给澳大利亚带来大量的就业机会，同时它又面临国内劳动力短缺的窘境。此外，人们普遍认识到，二战中的种族暴行应该转化为战后世界各民族、各语言和各种族之间更紧密的联系。联邦政府认为未来的澳大利亚需要大量人口，因此通过了一个庞大的移民计划，允许数以千计的德国人、意大利人、希腊人和其他欧洲人来澳大利亚生活。到 1950 年，这波移民潮已带来 20 万移民，其中许多人还得到了政府资助的路费。

一些欧洲移民本身就是难民，无家可归；许多人渴望摆脱贫困，找到工作。他们都期待在澳大利亚寻得良机，生活更有保障。到 20 世纪 50 年代，墨尔本市中心区域已经形成希腊人和意大利人集中居住的社区，这种模式也被复制到澳大利亚其他城市。数以千计的英国移民继续涌向澳大利亚，其中很多人拿着英国政府资助的廉价船票，被称为"十镑客"。也有大量移民跨过塔斯曼海，从新西兰来到澳大利亚。不过，澳大利亚最新的移民主要由亚洲人构成，他们来自中国、越南、马来西亚、印度、印度尼西亚和菲律宾。同时，来自中东部分地区的移民的规模也在扩大。这种多元文化的涌入改变了澳大利亚的人口结构。据 2006 年人口普查报告，生活在澳大利亚的人中有将近四分之一是在国外出生的：115 万出生于英国，47.7 万出生于新西兰，22万出生于意大利，20.3万出生于中国，18万出生于越南，15.4万出生于印度，13.6万出生于菲律宾，12.6万出生于希腊。

今天，澳大利亚有55万原住民及托雷斯海峡岛民（即生活在海峡中数百座小岛上的居民，这些小岛大部分属于昆士兰州），占澳大利亚总人口的2.7%。1967年的全民公投结果允许联邦政府为原住民专门立法。如今，管理原住民事务的权力由州（地区）政府与联邦政府共享。1971年，内维尔·邦纳（Neville Bonner）成为第一位进入联邦议会的原住民议员。澳大利亚原住民坚持不懈，竭力争取拿回自己的土地。1992年，高等法院作出"马博裁决"，推翻了"无主之地"（terra nullius）原则，使得原住民在土地所有权谈判中拥有了更大的主动权。2008年2月，陆克文（Kevin Rudd）总理代表澳大利亚政府，就"被偷走的数代"向原住民公开道歉。

实现多元文化并非轻松愉快，一帆风顺。20世纪80年代以来，亚洲移民一直是一个充满争议的话题。近来，信仰伊斯兰教的澳大利亚人又成为争论的焦点。2005年12月悉尼克罗纳拉海滩的暴乱主要就发生在澳大利亚白人与黎巴嫩裔穆斯林之间。这些穆斯林很多都出生于澳大利亚，或者是澳大利亚公民。此外，澳大利亚将寻求避难者（主要来自亚洲）扣押在离岸拘留中心的决定也招来人权保护者的批评。例如，一些人强烈批评澳大利亚在圣诞岛上将寻求避难者拘留在帐篷里，以及粗暴对待无陪伴儿童的做法。圣诞岛是澳大利亚在印度洋上的一个移民中转站。

实现多元文化对澳大利亚原住民而言也存在诸多问题。原住民仍常被视为与社会格格不入的人群，动辄酗酒成性，违法乱纪，纵容社区里的性虐待，而且拒绝与澳大利亚白人合作。2007年6月，联邦政府介入北领地区60多个原住民社区，调查社区内的虐童问题。但政府并未深入有效地解决原住民的精神健康问题，以及他们普遍罹患的耳鼻喉疾病。处理好愈发具有多元文化性的社会带来的问题是澳大利亚的不懈追求。不过，要想使多元文化成为澳大利亚未来发展的坚实基础，多元文化理念必须更加深入人心，必须真正植根于澳大利亚社会。许多原住民反对多元文化理念，是因为他们讨厌仅仅被视为澳大利亚社会众多族群中的一员而已。

第二章

塑造这片大陆

早在欧洲人来到澳大利亚这片大陆之前，原住民已经在这里耕地种粮长达五万多年，他们也从未想过把这块大陆的资源与更广阔的世界扯上关系。但是，欧洲人占据这块大陆后，对整个内陆地区进行了更大规模的开发，发展采矿业和畜牧业，并通过国际航运、贸易和移民将澳大利亚与世界各地联系起来。此外，一些人们始料不及的因素也影响了这块大陆独特的历史进程，例如在 19 世纪 50 年代初，这里突然发现金矿，大批淘金者怀揣发财致富的梦想纷至沓来。丰富的土地资源、政府资助的移民潮、增长的技术工人数量使得牧区不断扩大。在这一过程中，丛林生活已嵌入澳大利亚的民间记忆里。随着各殖民地首府城市不断发展，吸引大量人口涌入，城市化也成为澳大利亚人的重要经历。各港口城市迅速发展起来，成为贸易中转站，不断输出原材料，输入亚非欧的工业制成品，从而将澳大利亚与外面更广阔的世界紧密连接起来。不仅如此，外来移民也在不断开拓内陆地区，这些人类活动改变了澳大利亚的自然环境。澳大利亚城市、丛林、港口的变迁背后隐藏着一系列矛盾：一方面，人们出于本能，渴望开发自然资源，发展经济，提高生活水平；另一方面，人们又希望尊重土地，以及这片土地上的野生动物和植物，尽管从历史上看，人们很晚才开始注意保护生态环境。面对这些纷繁变化，原住民不得不艰难地调整谋生手段，以应对欧洲移民打着"使土地充满生机"的旗号来攫取土地的做法。

原住民的经济生活

原住民以独特的方式采集与土地有精神联结的食物，在此繁衍生息数个世纪之久。他们对那些与自己族群信仰及祖先神灵相关的特定地方了如指掌。那里的飞禽走兽、丛林草木、岩石与河流，都附着他们祖先的神灵，令他们充满敬畏。至于物质生活，他们没有私人占有的欲望：他们分享所有食物和器具，相互照应，满足族群的共同需求。如遇饥馑，他们共享食物，相互帮扶。原住民不需要像白人移民那样利用资本主义社会的行为惯例、法律程序，以扩张者的心态来获取土地。白人移民那种占领土地、开发资源的做法他们闻所未闻。因此，相比之下原住民部落之间鲜有洗劫他人地盘的情况。原住民利用土地及资源的方式源于他们对某个地方的集体记忆和心照不宣、约定俗成的对生存资源的妥善使用。就种植谷物而言，原住民对定居农业没什么兴趣，他们过惯了游牧式生活，掌握着在自己熟悉的土地上游走觅食的必要本领。这种对土地的认同成为原住民经济生活和思想层面的共同特点。不仅是寻觅食物，原住民生活的方方面面都遵循着祖先传下来的"幻梦"预言，这些预言向他们解释了世界的形成与发展，教导他们如何为人处世。

原住民不断适应着澳大利亚各种生态环境，包括北部热带雨林以及中部干旱地区，同时适应着各种自然变迁，如气候变化、粮食作物生长地的变化，还有猎物和岩洞的变化。他们不断改良掘土棒和铲子、渔网、回旋镖、标枪投射器等工具，调整锤子和长矛的功用。原住民靠打猎和采集食物为生，但这种生活方式也并不是一成不变的，而是会根据生态环境和气候条件的变化作出调整。如此一来，他们改变着周围的环境来适应自己的生活方式。原住民使用土地的模式在白人移民到来后一直延续未改，不过，他们却要改变自己去适应殖民者占领土地的扩张方式。原住民在西澳大利亚和昆士兰中部从事牧羊业，在澳大利亚北部和中部的内陆城镇及矿区为雇主提供家务劳动，他们的工作非常重要。1900年，约有一万名原住民在为欧洲移民服务。与此同时，原住民也接受了白人带到澳大利亚的各种动物，他们开发了捕羊宰牛的新技能，搭建了更大的锅灶来烹制肉类。他们还利用娴熟的丛林生存技巧帮助欧洲探险者寻找水源和食物。

大海环绕

澳大利亚国歌中有一句歌词叫"我们的国家被大海环绕"，这不禁让人想到海洋生活是这个南半球国度重要的一部分。在白人移民踏足此地几百年前，澳大利亚北部已经与望加锡人针对中国市场开的海参渔场开展海上贸易。来自爪哇岛和印尼其他岛屿的船只也偶尔在这里靠岸。虽然原住民也会使用小船捕鱼或近距离往来，但他们主要依靠土地获取生存资源。欧洲人来到这里之后，澳大利亚才逐渐发展起海洋产业。这一过程最早可追溯至1788年，当时海军舰船及官兵一同到达这里，在杰克逊港建立起囚犯流放地。从此之后，这里的人们便开始与海洋打交道，这极大地影响了澳大利亚人的生活。各州首府城市均与港口相连；航运业和私有船业不断成长；沿海贸易、地区贸易以及海外贸易蓬勃发展；各色商行如雨后春笋般涌现；各大港口门户城市与各自腹地紧密相连；所有这一切共同打造了澳大利亚现代经济。南半球活跃、激进的工会主义离不开强大的海洋产业劳动力的崛起。旅游业、沙滩文化、轮渡航运和港口服务的蓬勃发展也是澳大利亚现代社会传统及休闲文化的重要组成部分。

澳大利亚每个州（地区）的首府城市都位于或靠近港口，因此也就具备了出海口，并将沿海地带与丰饶的内陆地区联系起来。这一点刚好反映了白人移民扎根落户的特点，他们最初就是把家安在离海岸近的地方。悉尼和霍巴特本身就属于天然良港，到 19 世纪初均已成为繁荣兴旺的航运及贸易中心。在这两座城市，最早的房屋都是依码头和船埠而建，这种布局模式延伸到了内陆。阿德莱德和墨尔本这两座城市则分别沿托伦斯河和亚拉河而建，最终形成阿德莱德港和墨尔本港。威廉斯敦也是服务于墨尔本的港口城镇。布里斯班市也沿河而建。相比之下，珀斯建在斯旺河入海口，由于水位浅，没有合适的港口行船，于是有着合适水深的弗里曼特尔就被打造成主要港口，承担起服务珀斯及其内陆腹地的责任。所有这些港口城市都建有航运设施，并逐渐在沿海贸易和地区贸易活动中彼此串联起来。远洋货轮沿澳大利亚海岸航行，卸下带来的货物，再装上新的货物返航。19 世纪 50 年代到 80 年代，作为众多国营公司中的一员，澳大拉西亚汽船公司在沿海贸易方面发挥了重要作用。该公司的船只能够从昆士兰的罗克汉普顿出发，环绕澳大利亚大陆，一路航行至西澳大利亚的奥尔巴尼。

19 世纪，英国控制着前往澳大利亚的远洋航运。1813 年，英国东印度公司特许权放宽限制之后，他们的船只纷纷开始运营澳大利亚线路，因为那里有大量货物等待运送。不过，除了货物运输，客运同样刺激了航运服务的发展。1840年之前，海军船只就被用来运送囚犯至新南威尔士，之后，又有自由移民靠政府补贴前往澳大利亚。1852年，往来于欧洲和澳大利亚之间的客轮服务定期开航，基本由英国船只掌控。到19世纪50年代，由英国工程师伊桑巴德·金德姆·布律内尔（Isambard Kingdom Brunel）主持建造的"大不列颠"号成为伦敦-墨尔本航线上的蒸汽客轮霸主。到1860年，半岛-东方汽船公司主导着赴澳的长途客运服务。从19世纪80年代起，从事澳大利亚海外贸易的各蒸汽轮船公司就客轮服务召开行业会议，签订协议，而这些会议和协议往往由英国人主导。此后几十年航运公司间的合并及重组也一直偏向英国人的利益，澳大利亚投资者占不到什么便宜。一战结束时，英之杰船务公司成为半岛-东方汽船公司等合并公司中的佼佼者，使英国在澳大利亚的沿海贸易、地区贸易和洲际贸易中享有当仁不让的领导地位。

二战后，澳大利亚的航运格局出现了重大变化。澳大利亚船东的船只生意兴隆，特别是那些为大公司运载矿产资源这类大宗货物的大型货轮和运载原油的油轮。澳大利亚国家航运公司是从事沿海贸易的主要澳大利亚公司。到20世纪70年代，集装箱运输已成为澳大利亚航运业的生力军，滚装码头给港口带来翻天覆地的变化。到1997年，最大的集装箱货轮可装载6000多个集装箱，载重量达7万吨左右。航空旅行业的崛起导致客轮减少，但它们常被重新安排，投入庞大的海上游轮产业。20世纪70年代之后，澳大利亚各港口迅速出现了大量各种有专门用途的船只，如水果冷藏保鲜船、汽车运输船等。

对外贸易活动将澳大利亚带入更广阔的世界贸易领域，这对澳大利亚的国民生计至关重要。最初由欧洲人建立的定居点与欧洲大陆相隔万里，长途贸易谈何容易：船只从悉尼开往伦敦，需在海上航行大半年。直到19世纪中期，蒸汽轮船出现，加之有线电报改善了通信，人们才最终克服"可怕的距离障碍"。但是，由于航程遥远，澳大利亚必须找到适合通过船运销往欧洲的产品，以换取英国工业革命生产出的制成品。这就涉及寻找主要的出口产品。19世纪20年代之前，捕鲸业和捕海豹产业在澳大利亚海域十分盛行，但到40年代二者已经彻底衰落。1820年到1850年间，新南威尔士和"幸运的澳大利亚"的畜牧区快速扩展，带来羊毛出口大幅增长。到1850年，两地的羊毛出口收入已占澳大利亚各殖民地出口总收入的三分之二以上。除黄金外，羊毛一直是澳大利亚源源不断向母国输出的首要产品，虽然在1851年之后的20年间，黄金出口量超过羊毛，位居榜首。羊毛产业的发展得益于压毛机的使用，它可以让货船上的羊毛体积缩小四分之三。19世纪50年代，澳大利亚出现淘金热，黄金成为重要的矿产出口资源。澳大利亚也对英国出口小麦，并自19世纪80年代起，开始运送冷冻肉及奶制品。澳大利亚还向海外出口煤炭，不过直到20世纪30年代末澳大利亚建造了散货船之后，煤炭出口才开始发展。到20世纪60年代，澳大利亚的工业化已能实现通过"海港工业机械"将原材料和冶金产品装上散货船。

澳大利亚的海外贸易活动并非局限于与英国的远途往来。19世纪，澳大利亚就已经向中国出口檀香木。来自塔希提岛的猪肉也摆上了澳大利亚人的餐桌。澳大利亚与亚洲各国在茶叶、糖类和大米等商品上互通有无。第一次世界大战爆发前夕，澳大利亚一半以上的羊毛和皮革都被法国人买走，大部分锌矿石和将近一半的铜矿石则卖给了比利时和德国。尽管如此，英澳之间的商品贸易仍占主导地位。1913年，澳大利亚60%的进口额和44%的出口额都来自英国。直到二战结束后，英澳贸易在澳大利亚商品贸易总量中的份额才逐渐缩小。1966年到1968年，英国占澳大利亚进出口额的比例分别为22%和13%。此时，澳大利亚从美国进口的商品多过从英国进口的商品，其三分之一的出口产品输往日本和其他亚洲市场。1973年，英国加入欧共体，开始逐步减少对澳传统贸易中的重要商品（尤其是冷冻肉类），此后，澳大利亚的贸易发展新趋势更是加快了步伐。亚洲市场在澳大利亚外贸中所占份额迅速扩大，目前占其出口额四分之三以上，占进口额一半左右。2009年，中国超过日本，成为澳大利亚最大的贸易伙伴。

丛林生活的印记

19世纪，澳大利亚的城市和乡村都在蓬勃发展，但在一般人眼里，澳大利亚更多地与"丛林"而不是城市相关。丛林生活尤其与那些流动劳工有关，他们经年累月在偏远之地辛苦劳作,四处迁移,打工为生。他们绝大多数为男性,成为畜牧业的主要劳动力。这些人中有过着半游牧生活的牲畜贩子、牧羊工、剪羊毛工、赶牛人、畜牧工人,以及长途牧人。G. C. 芒迪（G. C. Mundy）用简洁的笔触描绘这些典型的丛林居民:"他们又高又瘦,身材结实,生性活跃,脸庞、双手和脖子都晒成了古铜色,似乎就是为马鞍而生。"他们相互帮扶,共渡难关,铸就了澳大利亚民族特性中不可或缺的"丛林精神"。他们以自强自立、足智多谋、性格顽强、坚忍刚毅著称,还与工友们建立起"伙伴情谊"。拉塞尔·沃德（Russel Ward）在《澳大利亚传奇》(1958)中写道,正是这种乡村无产者对现代澳大利亚的形成产生了主要作用。他认为这些人坚忍不拔、崇尚平等、吃苦耐劳、豪爽友善、乐于交际的特质均源于早期的囚犯年代。参加两次世界大战的澳大利亚士兵身上也体现出这些特质。亨利·劳森（Henry Lawson）和班卓·佩特森（A. B. 'Banjo' Paterson）创作的民谣和流行歌曲也描绘了澳大利亚丛林居民的生活。澳大利亚画家则借在金色阳光下劳作的剪羊毛工人来歌颂丛林生活。不过,这些作家和画家通常都生活在澳大利亚大都市里。他们创作出的作品既是对澳大利亚乡村生活生动准确的写照，也是都市人对想象中的丛林生活的怀恋。

　　澳大利亚丛林生活也有不太美好的一面。乡村地区经常充斥着几类人之间的矛盾冲突——占地农与小农户之间；王室土地代理人与靠一点薄产勉强度日的农场主之间；饱受欺压的乡村无产者与警察之间。从19世纪20年代起，就有占地农占用那些未开发的土地，他们主要靠放牛牧羊为生。19世纪60年代，占地农这种获取土地的做法受到挑战，因为殖民地政府出台法律，允许"自由选地农"以最低价格购买土地。出台这些土地法的初衷是推动农场开展集约农业，但这些法律却收效甚微。在这一背景下，从1815年到1880年，澳大利亚出现了一批专门对抗当局势力的丛林大盗。他们主要出没于新南威尔士、维多利亚、范迪门地/塔斯马尼亚，携带枪支，经常成群结队地盗窃牛马，也被称为在逃犯。他们打劫那些凶狠残酷的工头，但从不有意为难乡下穷人。这群丛林大盗在澳大利亚内地无法无天，一些人认为他们是自称匡扶正义的侠客，而另一些人则认为他们威胁到了私有财产。沃德指出，丛林大盗之所以受澳大利亚人青睐，是因为他们身上具有勇敢无畏、独立自主的品质。

内德·凯利（Ned Kelly）是澳大利亚最有名的丛林大盗，其父为爱尔兰裔前罪犯，他本人生长在维多利亚东北部一个贫穷的农场里，对大户占地农深恶痛绝。这些占地农仗着法律、法庭的庇护，仗着有警察撑腰，削减小农户的土地权益。19世纪70年代，因攻击他人和盗窃多次入狱服刑后，凯利成为丛林大盗。他与同伙偷盗马匹，抢

图3. 内德·凯利，澳大利亚丛林大盗

劫银行，开枪袭警，两年内四处流窜。1880年，他们在维多利亚格林罗旺陷入包围圈。三名同伙当场毙命，内德·凯利则被生擒，当时他身穿用农民的犁壁打造的防弹盔甲。当局对他进行了审判，并判处其死刑。1880年11月11日，凯利在墨尔本被施以绞刑。凯利曾抢劫新南威尔士南部杰里尔德里镇一家银行，并写下一封长达8300字的自白书来抒发不满，表明政见。这封洋洋洒洒的自白书被称为"杰里尔德里之信"，表达了他对饱受压迫的乡下穷苦人的同情，以及对警方劣迹的控诉：他希望将这笔钱分给

格雷塔区的孤儿寡母和穷苦百姓。我从前和往后都会在那里度过许多无拘无束、无所顾忌的快活日子。警察为了钱获取虚假证词，和偷马的人狼狈为奸，把无辜的人关进大牢；既然如此，不如把这些钱送给贫苦百姓。

淘金热

1851年2月，人们偶然在新南威尔士发现了金子，同年，又在维多利亚有了更大的发现——冲击矿床。这些

金块得见天日，立刻引发轰动。在澳大利亚和新西兰，19世纪50年代的主要特征就是经济受到供给侧冲击。就像1849年发生在加利福尼亚的情况一样，来澳大利亚淘金的人形形色色，来自各行各业，他们蜂拥而至，期待发财致富。全世界各个角落的淘金者乘船驶向墨尔本，加入寻金大军。这群来自英国、欧洲大陆、中国以及美国的淘金者虽国籍不同，但在金矿区都摩拳擦掌，争先恐后。他们当中不少人参与过英国宪章运动，许多来自欧洲大陆的人赶上过1848年欧洲大革命。一名波兰矿工回忆起在金矿区里那段不分高低、平起平坐的经历：

那是一个庞大的社会群体，由来自世界各地的人组成。他们国籍不同，宗教信仰不同，性格各异，文化水平参差不齐……但他们全都混在一个社会群体里，打扮装束彼此相近……我们有着共同的目标，那就是淘金。

在这种紧张兴奋、充满渴望、各显神通的环境里，平等主义思想得以滋生。1853年淘金热期间，有人目睹这一切后写道，一切贵族情结，一切与故国的纽带此刻皆化为乌有……你曾经是什么身份并不重要，你现在的表现才能说明你几斤几两，才是断人标准。或许你父亲在英国有个什么爵位头衔，但来到这个遍地是黄金，人人都能吃上肉，讲究平等的殖民地，那些根本不值一提。

淘金热时期淘金者们的境遇却各有不同。1852年，3.5万名淘金者开采出的黄金价值超过1600万英镑。但到1854年，矿工人数已达10万，开采出的黄金价值却只有之前的一半多一点。19世纪50年代后半期，要想找到新的宝贵矿脉就更加困难。到1860年时，淘金热遂告结束。虽然在接下来的几十年里，深部矿床开采在维多利亚依然占据重要地位，但每一个找到黄金的幸运儿背后，都有上千人空手而归。随后在19世纪90年代，人们在新南威尔士、昆士兰，最后在西澳大利亚发现了黄金，淘金热又相继出现。但是发现黄金这件事再也没有在澳大利亚掀起如此大的波澜。不过，淘金热在当时还是推动了澳大利亚各殖民地人口增长和经济发展。在逐金梦及相关服务业的主要刺激下，维多利亚人口数量迅速从1851年的10万左右增加到10年后的54万。新南威尔士的人口在这10年中增长速度稍缓,但仍从约20万增长到35万。淘金热还刺激了这两个殖民地的房地产及零售业发展,墨尔本的开发也得以实现。这股浪潮不仅引得英国矿业公司前来投资,还招来英国航运公司提供服务,将海外矿工运送到金矿区。

不过,在维多利亚和新南威尔士,金矿区冲突频发,司空见惯。淘金需要获得许可证。在归政府所有的土地上,许可证的价格最初为每月30先令,这是大部分矿工望尘莫及的。在维多利亚,每名矿工可以认领12平方英尺的开矿地块。发生的纠纷涉及如何拿到土地,许可证价格多少,以及巡逻警察(通常都是前罪犯)暴力对待矿工等问题。1854年12月,在巴拉腊特城外的尤里卡城寨,淘金工人建起路障,成为矿工反对政府武装力量的标志性事件。当时,矿工与警察之间发生了20分钟的小规模冲突,导致30多名矿工和4名士兵死亡,130名抗议者被捕入狱。虽然称此次起事为澳大利亚政治意识觉醒的里程碑有些夸张,但它的确给矿工带来了胜利,那就是取消了令人憎恶的采矿执照,以每年1英镑的收费取而代之。

图4. 澳大利亚金矿矿工摇盆洗金

金矿区其余的主要冲突还包括矿工与华人之间的种族仇恨。华人当时是海外最大的非盎格鲁-凯尔特种族淘金群体。在那些人眼里，华人是异教徒，肮脏，不信基督教，还抽大烟；他们被污蔑为"黄祸"。有位殖民地居民写道，华人"一直在遭受侮辱和骚扰"，而且，"只要他们的金沙中稍稍显露出发财的迹象，就会被人毫不留情地赶出自己的地盘"。维多利亚、新南威尔士和南澳大利亚都出台过阻止华人进入的歧视性法律法规。不过，在淘金热逐渐消退之后，这些法律也被一一废除。1861年7月，新南威尔士的兰宾平原发生反华暴乱，6000名矿工对华人群起而攻之，政府不得不调集警察、士兵和水手前去平息这场暴乱。维多利亚各处公墓里散落着华人矿工的坟冢，那就是19世纪50年代淘金热时期华人大批涌入留下的印记。

土地安置

后淘金热时期，人们开始渴求获得土地。许多澳大利亚人希望购置一块地来谋求生计。19世纪60年代和70年代，澳大利亚各殖民地都通过了《自由挑选土地法》，使人们有机会圆梦置地。相关法律涉及测量租赁给占地农的王室土地，以及最多出售640英亩廉价土地等事宜。购买者需要自行修建围栏、盖房子，并耕种十分之一的土地。从19世纪80年代开始，一些殖民地开始执行就近土地安置规划，试图进一步重新划分土地。根据此规划，只有适合农业耕种、可进入市场的土地才可以安置。一战结束后，联邦政府和州政府又制定了新的土地安置计划，即军人土地安置计划，鼓励澳大利亚老兵到乡村寻找生计。

所有这些计划都是为了推动澳大利亚人口增长，鼓励人们利用土地和农业资源。这些计划不仅面向澳大利亚人，也面向外来移民，并且收获了不同的效果。澳大利亚大部分土地并不适合定居农业。同时，自由选地农（即小农户）往往资金不足，缺乏农业知识和技能，土地通常又转让回占地农手里。不仅如此，从战场回来的士兵一般也都无法适应在偏远乡村当平民的新生活。不过，尽管困难重重，人们在维多利亚西部的瑞福利纳，以及后来在西澳大利亚还是取得了较大成功；谷物产量大幅提升，家庭农场成为乡村企业的基本单元。

移民们垦荒耕耘，辛劳付出，书写了一部拓荒者传奇，这也成为澳大利亚发展的重要标志。这些拓荒者包括畜牧工、流动工人、占地农和小农户。他们一般都与家人住在条件艰苦的农村。他们在土地上辛勤劳作，为自己挣来一份温饱，希望把积累的财富代代相传。他们展示出吃苦耐劳、勤勉进取、勇敢坚毅的品格。比起丛林传奇，拓荒者传奇较少关注阶级差异，而是更多地指向开拓农村过程中那种经久不衰的盎格鲁-凯尔特文化。这与今天澳大利亚各州首府城市中种族多元、文化多元的人口特点迥然不同。不过，拓荒者传奇为在牧羊场、牧牛场及内陆农场克服艰险，垦荒扎根的定居者和移民创造了一种澳大利亚身份认同。当然，他们驯服蛮荒之地的任务有时也包括对付原住民。

城市生活

虽然丛林传奇具有很大的魅力，但19世纪大多数澳大利亚移民都更向往城市生活。到澳大利亚建立联邦国家时，40%的维多利亚人住在墨尔本；37%的新南威尔士人住在悉尼；39%的南澳大利亚人住在阿德莱德；38%的西澳大利亚人住在珀斯；23%的昆士兰人住在布里斯班；21%的塔斯马尼亚人住在霍巴特。到1900年，澳大利亚的城市化程度已经超过其他新近热门的移民国家，如阿根廷、新西兰、加拿大和美国。澳大利亚成为联邦国家后，其城市化进程大幅加速。2006年的数据显示，新南威尔士州有63%的人口集中在悉尼；维多利亚州有71%的人住在墨尔本；昆士兰州有46%的人住在布里斯班；南澳大利亚州有74%的人住在阿德莱德；西澳大利亚州有75%的人住在珀斯；塔斯马尼亚州有41%的人住在霍巴特。

各殖民地（即后来各州）的首府城市最初都是由移民建立起来的商贸中心，均靠近河流和海洋，他们修建了港口和码头，以方便海运和贸易。这些首府城市提供了货物交换渠道，送走澳大利亚的农产品和矿产资源，迎来各种进口工业产品。它们同时也是政府驻地，提供各种服务。这些城市里见不到传统的上流社会。虽然有一些较为贫穷的地区，如悉尼的红番区和墨尔本的科灵伍德区，但每座城市都有规模较大的零售业和大批中产阶层专业人士。澳大利亚的城市照搬了英国维多利亚时代城市理想的郊区格局。郊区住房林立，快捷的交通工具在工作地点与住宅之间来回穿梭，这样的布局已经成为标准模式。人们进城上班，因为城区的薪水通常较为可观。英国维多利亚女王执政末期，从英国伯明翰前往悉尼的移民可能会发现两地除了气候有所不同，城市布局和设施基本没什么差异。1898年，悉尼·韦布和比阿特丽斯·韦布夫妇（Sidney and Beatrice Webb）曾写道，"澳大利亚社会……就像一片从英国肌体上切下来的肉，它与格拉斯哥、曼彻斯特、利物浦或伦敦郊区没有多大差别"。

澳大利亚成为一个国家时,人们普遍认为其主要城市已经能够提供宜居的城区环境和良好的生活水平。

这里的人都是劳动者,没有游手好闲的半吊子,没有寻欢作乐的闲人,也见不到什么富翁。这群既没有腰缠万贯,也不至于穷困潦倒的人忙忙碌碌,过着井然有序、体面进取的文明生活。

家境平平的移民仍有可能拥有一套自己的房子,这是城市生活吸引人的地方。1858年,从英国移居悉尼的W. S. 杰文斯(W. S. Jevons)颇为夸张地写道:

这里的所有体力劳动者和修理工,几乎皆有一处可终身保有或租赁使用的地产。这些房子虽然貌不惊人,说不上多么方便,多么漂亮,但却能让人心满意足,好过花钱租住英国城镇里那些挤得密密麻麻的砖房。

到19世纪最后25年,悉尼和墨尔本30%至40%的房子都是人们买来自住的。

澳大利亚城市化的主要特点是形成了两种城市类型：高密度型和低密度型。前者包括悉尼、布里斯班和霍巴特。这些城市最初建成时的中心城区十分拥挤且无市政规划，适合步行，符合欧洲城市风格。1900年之前，它们挤得水泄不通，基本都围绕着近郊发展。这种高密度城市格局通常不利于推行有轨电车、火车和公共汽车这样的公共交通方式。当时悉尼就是由于街道杂乱无章的布局和地形，只能将中央火车站建在离港口几英里远的地方。相比之下，墨尔本、阿德莱德和珀斯属于低密度城市。这些城市从市中心向外延展数英里都是郊区地带。它们拥有规划更合理的网格状街道，也更容易修建通往远郊的公共交通设施。墨尔本的有轨电车网络正是低密度城市提供交通服务的典型范例，过去是这样，现在依然如此。墨尔本、阿德莱德和珀斯一直被视为1840年之后100年里建设的"新型城市代表"，因其布局类似于美国西部城市和加拿大城市的发展模式，如洛杉矶、丹佛和温哥华。到了20世纪，澳大利亚高密度城市与低密度城市的区别已经不那么明显：现在很难感受到差别，布里斯班向外扩展的程度甚至超过墨尔本和阿德莱德。

悉尼与墨尔本一直在比拼，力争成为澳大利亚第一城市。悉尼成为殖民地的时间比墨尔本早，规模原比墨尔本大。但到19世纪50年代，淘金热促使墨尔本人口激增，超过悉尼。墨尔本作为金融和贸易中心也发展迅猛，吸引银行纷纷进驻，英国资本源源流入。1880年，一座大型穹顶建筑——皇家展览馆拔地而起，向世人展示了墨尔本的发展壮大。在19世纪80年代轰轰烈烈的建设热潮中，墨尔本获得"了不起的墨尔本"称号，人口超过50万，被视为"南半球的大都市"。20世纪初，悉尼人口超过墨尔本，并一直保持领先地位，墨尔本的增长速度则时快时慢。如今，两座城市的人口分别约为460万和410万。到20世纪20年代，墨尔本和悉尼与其他澳大利亚城市的布局一样，郊区住宅已从最早的市中心地带向外延展开来，街道旁出现了一排排整齐划一的独栋平房，每片街区占地约四分之一英亩。

悉尼与墨尔本都拥有独具特色的文化、社会、体育和政治传统，让人很难说清楚谁更能代表澳大利亚大都市。澳大利亚只有这两座城市有能力成为奥运会主办城市：墨尔本和悉尼分别于1956年、2000年举办过夏季奥运会。

两座城市势均力敌，互不相让，以至澳大利亚专门另建了一个首都城市——堪培拉。到1971年，每10个澳大利亚人中就有4人生活在墨尔本或悉尼。二战前，珀斯、阿德莱德、布里斯班只有大城镇的规模，根本算不上城市，如今也都已经发展成现代化的大都市，成为各自腹地的工农业及贸易服务中心，且都拥有各自的国际航空港。珀斯是澳大利亚唯一朝向印度洋的大城市，积极服务于西澳大利亚州的资源产业，如今人口为160万。阿德莱德是澳大利亚的国防工业基地，现有人口130万。就经济规模而论，在从悉尼到新加坡的地域范围内，布里斯班领先所有其他城市，这里现有人口200万。

教育

早在殖民地时期，澳大利亚就建立了各种各样的学校。1810年至1821年，拉克伦·麦夸里担任总督期间，主日学校在新南威尔士盛行一时。这些学校不仅提供基督教的道德教育，还将赞美诗印在横格纸上帮助大家识字。19世纪上半叶，为穷人开办的走读学校也不断出现，这些学校由政府出资，英国国教牧师负责监管。到19世纪30年代，教会兴办的学校都能得到政府补贴。然而，这类学校在宗教教育上存在争执，英国国教、罗马天主教及非教派群体之间竞争激烈，互不相让，都希望传播各自的基督教教义。19世纪30年代，新南威尔士总督理查德·伯克（Richard Bourke）制定了一套新制度，允许教会在学校传授各种基督教教义。不同于以往由男女校长管理学校的做法，新制度规定每周由基督教不同教派的牧师来校管理。直到19世纪70年代和80年代，随着澳大利亚各殖民地纷纷通过《教育法》，由政府集中管理学校并实行世俗化教育，校园内的宗教纷争才宣告结束。随后，政府也取消了对所有教派学校的财政补贴。到澳大利亚成立联邦国家时，各殖民地已经建立起各自的世俗化免费义务教育法律体系。

除了前面提到的为穷人开办的走读学校，澳大利亚还有内陆地区的丛林学校，为原住民开设的教会学校，在路德派教徒居住区（如南澳大利亚的巴罗萨谷）开办的德语学校，以及为适龄中学生开办的文法学校。1855年成立的吉朗文法学校，以及1854年开办的悉尼文法学校就是两所著名的私立学校，皆仿照英国托马斯·阿诺德（Thomas Arnold）执掌的拉格比公学而建。20世纪初，公立中学不断涌现，其中许多学校对学业能力有要求，并采纳了私立学校的办学理念。20世纪50年代和60年代，出现了接纳不同能力学生的综合性中学，可照顾到大多数公立学校学生。如今，大多数澳大利亚儿童进的都是政府资助的公立学校。不过，也还是存在大部分师生信仰罗马天主教的天主教学校和接收寄宿生的私立学校。

19世纪澳大利亚小学教育最常见的模式是"导生制"。这种制度最早起源于英格兰。年长一些的能写会算的孩子被培养成学长，负责教会年幼的孩子这些本领。在发展出学生与老师之间的师徒制之前，导生制不失为一种廉价有效的读写算教学模式。到20世纪初，师徒制又被师范学校提供的更为专业的教育方式所取代。在19世纪，澳大利亚中小学所使用的课程差异巨大。例如，吉朗文法学校遵循阿诺德教育理念，注重传授古典文化，鼓励学生参加集体运动项目；而墨尔本的苏格兰学院沿袭苏格兰体系，注重教授现代语言、英国文学和理科课程。在当今澳大利亚，国家课程由澳大利亚课程、评估及报告局协助实施。

这一独立机构提供全国性数据及评估项目,帮助 21 世纪所有澳大利亚学龄儿童上学读书。

澳大利亚的成人教育及高等教育经历了长久的发展。到 19 世纪 40 年代,澳大利亚大城市和部分较小的城镇就已纷纷涌现出技工学院和免费图书馆,为技术工人学习提升开设夜校课程,组织讨论小组,提供图书和报纸。对于那些有学术能力的人,大学为他们提供了拓展能力、继续深造的途径。不过,大学的发展比较缓慢。第一次世界大战前,澳大利亚只有六所大学,其中最早的是 1850 年建立的悉尼大学,最晚的是 1911 年成立的西澳大利亚大学。这些所谓的"沙岩"院校深受英国大学的影响,全部由各州政府资助。1946 年,澳大利亚国立大学在堪培拉建成,高等教育领域的科研发展得到助力,各研究院开始重点开发高质量科研项目。自 20 世纪 60 年代起,澳大利亚同其他西方国家一样,不断建立新的高等院校,如墨尔本郊外的拉筹伯大学,以及阿德莱德郊区的弗林德斯大学,进一步丰富了教育生态。截至 2011 年,澳大利亚已经拥有 39 所大学。

工业国家澳大利亚

澳大利亚的制造能力提升缓慢。19世纪殖民地时期的澳大利亚经济更注重农业和贸易，而不是工业。大部分生产制造都是在小作坊进行，主要靠手工技艺和手动工具完成，主要是为了满足国内市场需求。在成立联邦之前，大部分制造业以小规模生产方式进行，集中于农产品和原材料加工，组装和修理，以及肥皂、蜡烛、啤酒和少量纺织服装的生产。淘金热出现后，冶炼业蓬勃发展，冶炼的矿产包括南澳大利亚的锡和铜、新南威尔士及塔斯马尼亚的铅和银，新南威尔士沿海的煤矿开采业也方兴未艾。1885年，生产普通金属的必和必拓公司在新南威尔士西部成立，显示出大公司参与矿产资源冶炼的可能性。1915年，必和必拓新增钢铁厂。1901年至1914年间，澳大利亚制造业开始更大范围地加速发展起来，领域涵盖农业机械以及冷冻保鲜设备。

在20世纪的两次世界大战之间，澳大利亚制造业继续壮大，钢铁产业、汽车装配和电力使用不断增长。例如，澳大利亚公路上奔跑的机动车数量从1920年的9000辆增加到1929年的57.1万辆。同时，新南威尔士北部沿海城市纽卡斯尔的大型钢铁厂也在不断扩大。澳大利亚的小型工厂被大工厂取代，手工制造技艺和小动力也被机器设备取代。在劳动力缺乏或昂贵的产业，机械化实现得最为彻底。于是，各大煤矿出现了采煤机，剪羊毛季节也用上了剪羊毛机。1929年到1931年的大萧条时期，澳大利亚工业发展遭遇挫折，但随后制造业产值从1931/1932年的5130万英镑增长到1938/1939年的7920万英镑，工业顺利复苏。

二战期间，澳大利亚生产了大量枪支弹药，但直到1945年大战结束后，澳大利亚才成为发达的工业国家，汽车、化工、钢铁、电力和电子设备等制造业迅速发展壮大。战争期间，澳大利亚的工厂数量增加了15%。战后20年中，这一增长势头持续不减，带来了长期经济繁荣和充分就业。第二产业委员会是战后重建部的下属单位，负责监督澳大利亚军工厂转型为主要服务国内市场的民用厂。到20世纪60年代初，澳大利亚制造商已经生产出数百万台冰箱、电炉、燃气灶、收音机、电视机，以及大量家具投放到国内市场。

20世纪50年代和60年代,矿产在澳大利亚的工业生产中扮演着举足轻重的角色:新南威尔士州和昆士兰州中部出产煤炭;西澳大利亚州的皮尔巴拉区出产铁矿石;北昆士兰的韦帕以及西澳大利亚州的达令山脉出产铝矾土;维多利亚州吉普斯兰的离岸海域出产石油。这些都为矿业繁荣作出了巨大贡献。今天,矿业仍然在澳大利亚经济中占有重要地位。必和必拓是澳大利亚最大的商业机构,在全球70多个国家经营业务。其核心业务是采矿和石油产业。2002年之前,钢铁生产也是必和必拓的重头业务,但之后被拆分出去,成为独立的商业集团。然而,尽管有必和必拓这样备受瞩目的大型企业集团(它曾被称为"澳大利亚巨无霸"),近几十年来,随着澳大利亚的经济重心越来越趋向服务业,制造业相对而言还是出现了一些衰退。金融、零售、旅游、娱乐、健康、教育、信息技术及通信都在服务业经济发展中发挥着重要作用。新千年伊始,服务业占澳大利亚国民收入的70%。这一重要经济产业目前发展势头良好。虽然澳大利亚出现了轻微衰退,但因亚洲市场对澳大利亚大宗商品有持续需求,且银行受次贷影响较小，2008年以来的国际经济危机对澳大利亚的打击得到缓解。

崇尚环保

长期以来，澳大利亚的环境一直在不断变化，自然因素是导致这些变化的部分原因。原住民作为这里唯一居民的时间长达数百年。在此期间，澳大利亚约15%的土地被海水淹没，各种大型动物渐渐灭绝，内陆地区也越发干旱。不过，白人移民在此落脚后的两百年里，人类活动也极大地影响了澳大利亚的环境，包括大肆开垦土地。自19世纪80年代左右起，这一开垦过程才部分、逐渐得到一些遏制。原住民放火烧荒的习俗也改变了野外环境。这些技能可以把猎物从低矮灌木丛或蕨丛中赶出来，而且有利于一些过火后重新繁殖的植物种类生长。原住民也熟悉澳大利亚内陆地区的干旱气候，可以很好地处理采集食物与保护水源和食物来源之间的矛盾。

19世纪，澳大利亚的畜牧地带不断扩展，给环境带来巨大影响。人们开矿，修铁路，在家烧火做饭、供暖，烧水洗澡，因而不断砍伐树木。金矿开发尤其需要大量木材，淘金小镇附近的乡村地区通常被夷为光秃秃的平地，再无参天大树抵御风沙。到19世纪末，大量的澳大利亚产硬木，如雪松和松木，被出口到海外。牧民为了开辟更多的牧场，采用了环剥树皮的方法清理林地。这种方法简单省钱，但会破坏树木的内部组织，不过这样做也是出于无奈，毕竟到1890年，澳大利亚的牛羊存栏量分别达到近800万头和1亿多只。人们修筑围栏，建起牧羊场，但约20年过后，这种大规模放牧就导致了水土流失。引进的野兔则导致一些本地草类消失，树苗的树皮被啃光。野兔与牛羊争夺草场资源，使澳大利亚羊毛产量缩减。对环境资源的开发利用也影响到动物，比如1850年之前，人们对外出口袋鼠皮和鸭嘴兽皮，屠杀澳大利亚南部海岸的海狗，捕杀鲸鱼获取鲸油，宰杀考拉获取考拉的毛皮。到1900年，好几种袋鼠、小袋鼠和鸸鹋都已灭绝，不见踪影。甚至到了20世纪60年代，数以千计的袋鼠惨遭杀戮，被做成宠物食品，供郊区家庭的宠物猫狗食用。即便在今天，人们仍然捕杀袋鼠，出售袋鼠肉和毛皮。

殖民地时期的澳大利亚既没有经过训练的专业人员来保护土地，也缺乏保护土地的意识。不过，在19世纪60

年代到 20 世纪 30 年代之间，人们越来越意识到有必要出台保护自然生态环境的新政策。殖民地及后来各州实施的大多数计划都涉及丛林地区，而不是无人居住的内陆地区。从 19 世纪 60 年代起，各殖民地政府开始保护海滩、湖堤和溪流，把它们划为公共地带。例如，1879 年新南威尔士政府就在悉尼南面辟出一个占地 7.3 万公顷的"皇家国家公园"作为永久性公共场所。很快，这个公园就成为人们野餐和林间徒步的热门景区。1887 年，维多利亚政府在蕨树河谷辟出一块 167 公顷的土地作为自然保护区，这里也成为琴鸟和其他野生动物的乐园。在 20 世纪初，各州政府开始越来越关注水利灌溉和节约用水。在新南威尔士州，州政府于 1919 年至 1931 年在墨累河流域修建休姆水库。休姆大坝于 1936 年建成使用，维多利亚湖于 1928 年形成。如今，人们在墨累-达令河流域实施咸水截流计划，即用水泵抽干咸水，并通过蒸发对其进行处理。

澳大利亚还采取措施，通过建立国家公园来保护自然森林。1906 年，昆士兰州议会通过了基于保护与可再生原则的州法《森林与自然公园法》，允许州政府在可售木材较少的地区设立国家公园，将这些地区作为森林资源进行合法保护。1915年，塔斯马尼亚州政府率先通过《风景区保护法》，成立专门委员会，负责管理名胜景点的永久保护区。1965年，澳大利亚保护基金会成立。这是一个非营利性非政府组织，负责监督与自然资源相关的争议性开发计划，如矿业公司扩大开采规模。该基金会致力于保护大堡礁，使其免受过度旅游和石油开采的影响，免遭棘冠海星破坏。最近，此类计划在州政府和联邦政府层面都得以实施。惠特拉姆政府（1972—1975）首次制定了联邦级别的保护政策。1975年，澳大利亚政府成立了澳大利亚国家公园和野生动物服务局，实施了《大堡礁海洋公园法》。1982年，昆士兰州政府也出台了大堡礁保护法规。联邦政府先是运用出口管制权，后又利用外事权签署国际公约，通过行使联邦的权利，敦促各州政府遵守保护承诺。

到20世纪末，随着"绿色"政治家的出现，环境保护举措成为越来越明确的政治话题，尤其是在塔斯马尼亚州。1971年到1974年，新南威尔士州建筑行业工会开始助力自然与建筑的环保事业。他们通过了"绿色禁令"，即拒绝承接有害建筑项目。20世纪80年代到90年代，"绿色"运动更着眼于保护森林或荒原，而不是城市环境。澳大利亚尤其注意保护塔斯马尼亚州和昆士兰州的雨林。1992年的"马博裁决"之后，原住民在获得土地所有权方面取得进步，进而要求拥有丛林的所有权，而这常常与私营采矿公司和工业公司开发土地资源的意图有直接冲突。不过，近些年来，拥有了土地权的原住民更青睐开发，而不是保护。

进入21世纪以后，国际社会对气候变化及全球变暖问题的担忧也影响到澳大利亚的环境保护态度。近几年，数次严重的旱灾和森林大火为澳大利亚环境的稳定性敲响警钟。大堡礁珊瑚白化，开始影响这个世界上生物最为多样的海洋生态系统。澳大利亚政府关注温室气体排放，从而防止全球变暖，其努力主要体现在提高能源效率，减少碳污染，以及投资可再生能源技术。2009年8月，澳大利亚议会通过了一项措施，旨在确保到2020年，可再生能源占澳大利亚电力供应的五分之一。不过，通过碳交易控制碳排放的计划却被搁置，而且目前的碳税征收计划也依据的是一个小很多的减排量。

第三章

治理澳大利亚

从早期白人移民于此到现在,澳大利亚政府的治理范畴和实质已发生变化。1788 年,管辖新南威尔士的是一位派自英国的总督,他负责就地制定所有重要政治决策,听命于大英帝国殖民地事务部,其最终权力由大英帝国议会授予。其他澳大利亚殖民地纷纷效仿这一做法,有了自己的总督,并逐渐建立起各自的立法委员会,履行政府的职能。19 世纪 50 年代,英国授予澳大利亚殖民地自治权。于是,各殖民地迅速开始建立自己的立法机构,不过西澳大利亚除外,它直到 1890 年才实现自治。随着澳大利亚立法制度日渐成熟,加之成立联邦的势头高涨,1901 年 1月 1 日,澳大利亚终于成为一个国家。各殖民地议会得以保留,只是将一部分权力交给联邦议会,且各殖民地改称如今各州。

20世纪，政党政治在澳大利亚迅速发展。澳大利亚工党与各非工党派系一直主导着澳大利亚政坛。澳大利亚虽然总体上属于和平的中等国家，但如今在宪法意义上却仍受英国王室庇护。总督在形式上是英国君主在澳大利亚的代表，不过如今的总督由澳大利亚总理提名产生。澳大利亚国旗一角的米字标记象征着英国与澳大利亚之间源远流长的政治联系。至于澳大利亚是否应该成为一个共和国，这一议题不时浮现，并于20世纪90年代正式摆上台面。但在1999年举行的全民公投中，共和制提议遭到否决。

从属英国的殖民地

从第一舰队抵达澳大利亚大陆到19世纪50年代初出现自治政府，这里的政治活动主要围绕着最早建立的、最大的殖民地新南威尔士进行，当然也包括范迪门地、南澳大利亚和西澳大利亚。在这些地方，政治制度和法律体系十分接近当时的英国模式。殖民地的人，不管是囚犯还是自由民，都可以享受英国普通法规定的法律权利。囚犯需服满刑期，然后就能成为自由民。从政治意义上讲，澳大利亚各殖民地与英国一样，实行的并不是民主制。在淘金热之前，移民很少能够通过投票选举表达自己的政治意愿。不过，19世纪40年代之后，有财产资质的人享有选举权，可以选举产生立法委员会。

最初的新南威尔士完全由总督一人治理。早期被任命的总督都是在军队服过役的职业海军，其中包括第一任总督阿瑟·菲利普，他是跟随第一舰队到达澳大利亚的，还有官至高级海军军官的约翰·亨特（John Hunter）。早期最具争议的总督是威廉·布莱（William Bligh），而留下最多功绩的是拉克伦·麦夸里。来新南威尔士之前，布莱就已争议缠身：他身为海军指挥官专横严苛，引发了1789年"邦蒂"号哗变，遭到大部分船员反抗。1808年，他又插手悉尼新南威尔士军团对政府仓储的管辖，引发了"朗姆酒叛乱"，由此失去了总督职务。此次叛乱也是澳大利亚历史上唯一一次军人夺权（虽然时间短暂）。接任的麦夸里总督来自苏格兰，掌管新南威尔士十多年，1821年结束执政。他改善了许多公共设施（如建设新城镇、修路盖房），并于1813年派人进行探险，想要找到从悉尼向西翻越蓝山山脉到达山后绵延草场的通道。他还试图让原住民上学，进传教所，从而达到"教化"他们的目的。他鼓励囚犯在刑满释放后重新融入社会，过上正常人的生活；他曾写道："我始终相信，不管是通过劳役、特赦，还是刑满释放，囚犯一旦成为自由民，都应该与殖民地的任何一个普通人在所有方面平起平坐。"

澳大利亚各殖民地早期的政治活动是由总督的个性与政策决定的，这是因为殖民地没有经选举产生的议会，而且即便有立法委员会，也大都由总督提名组成。不同总督制定的政策差异很大，例如，19世纪20年代末，新南威尔士总督拉尔夫·达林（Ralph Darling）就以严格管束重罪犯而闻名，他下令用铁链将犯人拴在一起为政府劳作。与此同时，范迪门地的代理总督乔治·阿瑟着手将这里打造成一座高效的囚犯监狱，于1830年建起臭名昭著的阿瑟港犯人流放地。他还针对原住民实施戒严令，试图派军队将原住民驱赶到半岛上，但这个"黑线"计划最终未能成功。不过，并不是所有殖民地总督都奉行这种独裁专制、严酷苛刻的政策，比如19世纪30年代中期任新南威尔士总督的理查德·伯克就是个自由派。1836年,这位爱尔兰裔英国国教教徒主持通过了《教会法》,从政府层面承认并支持各主要教派,且为英国国教、天主教和长老会提供同等的资助。这个法案比当时英国的政策还要先进,那里的英国国教仍与政府保持紧密联系。伯克的《教会法》意味着澳大利亚的非国教教派和天主教地位并不低人一等。不过,伯克对囚犯的政策谈不上开明,仍然非常严苛。

直到1823年,总督独自掌管新南威尔士的局面才宣告结束。此时一项议会法案建立了一个由英国指派的小型委员会,负责讨论总督提出的法案和征税。几位官员协助总督治理,其中包括殖民地事务秘书。1823年以后,由一位独立于总督的大法官来裁定殖民地提出的法案是否符合英国法律。同时,高等法院负责监督司法程序。1842年,英国政府批准新南威尔士建立由部分选举产生的立法委员会,其中三分之一的成员由总督任命,三分之二经选举产生。经总督许可,立法委员会有权就某些事务制定法律(但不包括土地政策,该权力仍由英国掌握)。1850年之前,范迪门地、南澳大利亚和西澳大利亚也有总督,但其立法委员会则完全经提名产生。19世纪30年代和40年代，许多澳大利亚殖民地都希望获得更多政治权利，但英国政府小心谨慎，维持现状，直到囚犯时代在澳大利亚东部地区宣告结束，殖民地已经相当成熟，可以考虑建立自治政府。

自治政权与民主制的诞生

到淘金热兴起时，许多澳大利亚人渴望自治久矣。少部分人甚至希望政治改革可以更彻底一些。于是，长老会牧师约翰·邓莫尔·兰（John Dunmore Lang）于1850年成立澳大利亚联盟，并提出建立一个共和国，"在澳大利亚的金色土地上坚守自由与独立"。无奈他的大多数教民更希望复制英国的议会制政体，同时给予大部分成年男性选举权。从19世纪50年代初开始，英国政府允许塔斯马尼亚、南澳大利亚及维多利亚（已从新南威尔士分离出来）建立自己的立法委员会。然而，更重要的是，1852年英国方面决定允许澳大利亚各殖民地成立自己的责任政府。这一决定与停止向范迪门地流放囚犯的决定同时到来。英国方面认为，澳大利亚社会已经进入一个稳固的、自主的殖民地时期，移民人口在澳大利亚不断增长，并散落到澳大利亚各个角落，因此，是时候在这块位于地球另一端的土地上完成政体转变了。

19世纪50年代，除了西澳大利亚，所有澳大利亚殖民地均已取得重大政治进步，即制定成文宪法，建立两院制立法机构，并扩大选举权。之所以能取得这些进步，皆因《澳大利亚殖民地政府法》（1850）的出台。所有成文宪法均由各殖民地立法委员会制定，宪法规定政府的组织形式为代议制和责任制，行政部门由总理提名组成，对议会负责。到19世纪50年代末，新南威尔士、维多利亚、塔斯马尼亚、昆士兰（新殖民地）及南澳大利亚都已各自确立新的政府模式。这些举措在某些方面甚至比当时的英国更先进。到1859年，以上五个殖民地都已实现无记名投票选举，而英国直到1872年才在大选中采用这种投票方式。到1858年，新南威尔士、维多利亚和南澳大利亚在立法机构选举时均已实现成年男性普选权，而相比之下，英国直到一战刚结束才在大选中实现成年男性普选权。尽管澳大利亚各殖民地早期自治政府具有这些先进特点，但其政治体制仍有严重的局限性，例如，议会议员没有薪水；上院仍把持在那些拥有财富和房产的人手里。

在19世纪最后40年内，澳大利亚各殖民地继续向民主目标迈进，其中给议员发薪水是重要的一步。到1900年，随着西澳大利亚最后一个跨过这一门槛，澳大利亚所有殖民地都实现了这个目标。如此一来，那些有意从政、有能力从政的普通人就可以将从政当作一个职业，而在过去这是不可能的，除非他们有其他收入。在确保殖民地议会下院议员有一定收入的同时，人们迫切希望建立民主问责制。正是由于南半球没有大地主和世袭贵族，这里实现问责制比当时的英国更容易。到1901年，殖民地议会已经缩减了多重投票的机会，也就是说，有多处地产的有钱人不能再像过去那样在多地进行投票。

殖民地人民对民主的渴望进一步影响了澳大利亚的政治制度。1854年，在巴拉腊特附近发生的尤里卡城寨起事中，抗议者就已经开始讨论自己的政治权利。他们规模虽小，但也证明自己有能力采取统一行动："我们向着南十字星（旗上有五颗星）宣誓，将真正做到相互支持，为捍卫我们的权利和自由而战！"这是1854年11月30日矿工发出的战斗誓言。虽然这场起事很快被军队镇压下去，但更多的普通民众反而更加向往参与群众政治。工会组织在技术工人中不断建立起来，遍地开花。有些工会只出现在某些特定的殖民地，有些则出现在与某个具体行业相关的所有殖民地。到19世纪70年代和80年代，剪羊毛工人、码头工人、矿工、伐木工、马车夫、水手都有了自己的工会。许多组织在殖民地首府大城市声势尤为浩大。如今仍伫立在墨尔本利根街的贸易馆正是这些团体的象征性大本营。

工会的发展得益于澳大利亚拥有较大规模的体力劳动者群体，但他们的心声和关切很难被殖民地议会听进去并得到回应。澳大利亚工会在争取限制过长劳动时间的斗争上取得骄人成绩。虽然早在19世纪初就有了限制工作时长的工厂法案，但工会组织仍致力于实现一天最多工作八小时的目标。他们的口号是"八小时劳动，八小时休闲，八小时休息"。最早实现这一目标的是墨尔本。（直到20世纪20年代，八小时工作制才在澳大利亚全国范围内实施。）1879年，首次跨殖民地工会大会在悉尼召开。1890年发生的海事大罢工涉及大批工会成员。在此次罢工活动中，众多劳工团体之一的码头工人团体被船东打败。这些船东雇用了非公会工人继续工作，而且殖民地议会对此次纠纷也袖手旁观，不予以解决。

19世纪末，妇女在澳大利亚政治中扮演了重要角色。19世纪70年代中期之后，女性主义团体经常举行集会，抗议将女性排除在政治生活之外。为妇女赢得选举权的运动发端于1884年在墨尔本成立的维多利亚妇女选举权社团。这个团体的斗争宗旨是让女性拥有与男性一样的投票权。到19世纪80年代末，澳大利亚其他殖民地首府城市也涌现出类似的团体。澳大利亚主张妇女有权参政者受到英国和美国禁酒运动的启迪，开始撰写并派发小册子，召开会议，展开辩论，向人们传达女性应享有与男性同等的政治权利这一理念。毕竟当时在大部分说英语的地区，人们普遍认为妇女应待在家里照顾孩子、操持家务，而不是走出家门，参与公共事务。悉尼的女权主义出版人路易莎·劳森（Louisa Lawson）一针见血地指出这种状况的实质，她写道："这个世界由男性治理，我们建立的所有体制都只反映男性思维。"

1894年，支持女性获得选举权的人士终于取得重大成果：南澳大利亚成为继前一年的新西兰之后南半球第二个赋予妇女选举权的英语司法管辖区。《南澳大利亚宪法》的修订法案简明扼要地写道："给予女性选举议会中立法委员会成员的权利，以及选举议会中众议院议员的权利。"1899年，西澳大利亚紧随其后。1908年，维多利亚成为最后一个给予妇女选举权的州。1902年，澳大利亚各州女性均获得参加联邦选举的权利。

澳大利亚是世界上第一个允许妇女参加联邦选举投票，以及有议员候选人资格的国家。不过这些成果来之不易。1891年，包括维达·戈尔茨坦（Vida Goldstein）和安妮特·贝尔-克劳福德（Annette Bear-Crawford）在内的几名女性不辞辛苦，挨家挨户收集签名，并将附有三万个签名的争取妇女选举权请愿书送交维多利亚议会。接着在1894年，南澳大利亚也发生了大规模争取妇女选举权的请愿活动，起因是议会否决了三项旨在推进妇女选举权的议案。直到一战结束后，女性才有资格成为州议会议员。1921年，西澳大利亚州的伊迪丝·考恩（Edith Cowan）成为首位进入州立法院的女性。

澳大利亚女性大多把精力放在非政党组织上。这些非政党组织包括全国妇女委员会和澳大利亚妇女选民联合会。最早（于1943年）当选联邦议员的女性是来自塔斯马尼亚州的伊妮德·莱昂斯（Enid Lyons），以及西澳大利亚州的多萝西·坦尼（Dorothy Tangney）。到1969年，澳大利亚只有两位女性联邦议员和屈指可数的几位女性州立法院议员。女性主义者于是转向世界舞台，与国际妇女组织联起手来，也成为国际联盟的早期代表。杰茜·斯特里特（Jessie Street）是1945年赴旧金山参加联合国协会大会的澳大利亚代表团成员，不过，在当时的谈判中她没有发挥什么作用。斯特里特后来成为联合国妇女地位委员会副主席。

20世纪70年代和80年代，澳大利亚女性主义者成为公共行政方面的先锋。她们在联邦政府和州政府担任要职，将政治和政策问题与妇女运动的诉求联系起来，被称为"女性主义官员"。虽然女性在政党政治里默默无闻，但除南澳大利亚州外，澳大利亚每个州都有过女州长（均代表工党）。截至2009年12月，在澳大利亚联邦议会上下两院226个席位中，女性占68席。2010年，朱莉娅·吉拉德（Julia Gillard）成为澳大利亚首位女总理。

19世纪晚些年,澳大利亚各殖民地都各有强烈的身份意识,彼此之间竞争激烈。各州在商业法规、边界事务、海关条例、检疫管控方面争执不断。新南威尔士与维多利亚这两个人口最多的殖民地在贸易和关税问题上关系尤为紧张。这种关系也反映在悉尼和墨尔本这两大城市的比拼上。新南威尔士奉行自由贸易政策,而维多利亚更青睐保护主义政策:各自都认为自己的政策更高一筹。各殖民地愈发需要加强在这些问题和其他问题上的沟通联系。在1860年到1900年之间,共召开过83次跨殖民地会议。例如敦促各殖民地制定统一法律来规范商业活动的殖民地工商联合会会议,这是第一次跨殖民地会议;以及1896年3月在悉尼召开的跨殖民地会议,在本次会议上,与会者同意对所有有色族裔实行移民限制。尽管人们为解决分歧进行了各种努力,但殖民地之间的竞争并未消除。

民族主义与建立联邦

1901年1月1日,根据一项英国议会法案,澳大利亚成为一个民族国家,即澳大利亚联邦。成为联邦国家的这一段进程从19世纪80年代末开始，漫长且不乏争议。到19世纪80年代时，以自治政府的名义建立起来的代议制政治体制已经证明具有持久性，而且澳大利亚殖民地的政治及社会似乎也已经在一定程度上成熟。到19世纪末，大多数生活在澳大利亚的人都是在这里出生的。这一点非常关键，有利于在整个大陆形成民族认同感。当时人们偏好的民族主义思想主要来自盎格鲁-澳大利亚框架。那些行业工会，如畜牧业和海事产业工会，以及支持女性获得选举权的女性主义者，如维多利亚妇女选举权社团，都意识到，如果澳大利亚各殖民地团结起来，形成一个国家，

图5. 澳大利亚国旗

那么他们的政治目标就更容易实现。《公报》周刊等出版物更是刊载亨利·劳森和班卓·佩特森的诗歌和故事，向广大民众宣传澳大利亚人的民族命运这一理念。人们普遍认为，澳大利亚这个国家应该实行联邦制，在这种政体中，政治权力和政治建制分散在国家政府与州政府两级。

到19世纪80年代末，主张国家统一的代表人物终于应运而生，这就是亨利·帕克斯爵士（Sir Henry Parkes）。他曾经是宪章运动支持者，五次出任新南威尔士总理。帕克斯身形伟岸、辩才无碍、政治阅历丰富，因而其政见广为流传，深入人心。1888年，他曾试图将新南威尔士称为"澳大利亚"，但这一想法遭到嘲讽，最终作罢。第二年，帕克斯再次表达了他对建立澳大利亚联邦的热忱。他认为，分散在广袤的澳大利亚大陆上的人民应该在政治上凝聚成一个整体，这将有利于所有民众。1889年，在悉尼莱希哈特区的一次演讲中，他说道：

> 在一个强大的政府领导下，澳大利亚作为一个整体代表这片土地上所有的人民，必将服务于所有的人民……这个澳大利亚可以做到单个殖民地无法做到的一切，也可以达到

几个殖民地联合起来也望尘莫及的目标……这个梦想可以实现，而且绝不会侵害到现今各殖民地享有的权力和自由。

维多利亚也出现了一位著名的联邦制代言人，他就是艾尔弗雷德·迪金。迪金是一名律师、维多利亚议会议员，也是土生澳大利亚人协会（出生在澳大利亚的移民后裔自愿组成的协会）的重要成员，他积极宣扬建立联邦国家。在讨论成立联邦的早期会议上，帕克斯和迪金发挥了重要作用。1887年，迪金参加了在伦敦召开的第一次殖民地会议，由此坚信澳大利亚各殖民地应该团结起来，用一个声音说话。1890年，帕克斯说服澳大利亚六个殖民地总理参加在墨尔本召开的建立联邦会议。迪金是此次会议上最年轻的代表。会议同意统一后的澳大利亚应该效仿联邦制典范——美国，这也是一个占据一片大陆、说英语的国家。不过，此次会议还决定保留英国议会制度。

1891年，来自澳大利亚各殖民地以及新西兰的代表参加在悉尼召开的建立联邦会议。会上，帕克斯讲到共同民族和共同命运的重要性，并建议将新国家称为澳大利亚联邦，而不是澳大利亚合众国。新西兰代表因为担心被澳大利亚所主宰，所以中途离会。与会代表最终决定：澳大利亚政府的组织形式应结合英国议会制和美国联邦制；原殖民地议会将变成州议会；议会将由两院组成，即上院——参议院，和下院——众议院；将采用成文宪法，解释权在澳大利亚高等法院；但是，不同于美国，澳大利亚将不设总统。昆士兰总理塞缪尔·格里菲思（Samuel Griffith）负责起草这一宪法，讨论则继续进行，但殖民地议会未能通过这一草案。就在此时，严重的经济萧条拖慢了建立联邦的脚步。

1893年，澳大利亚各殖民地代表再次聚首，在新南威尔士小镇科罗瓦举行了一次非正式会议。会议决定对宪法草案进行修订，并效仿美国模式，由殖民地人民选出代表参加制宪会议，由制宪会议设计宪法，再交由人民正式批准。科罗瓦方案得到一致采纳。1895年，各殖民地总理在霍巴特对此方案进行商议，并确认接受各项建议。他们主张限制亚洲移民进入，从而建立一个"白人的澳大利亚"，并最终决定不将原住民写入宪法，原住民不享有选举权。

各殖民地采纳了科罗瓦方案，并选举出代表参加新的建立联邦会议。该会议先后在阿德莱德（1897年）、悉尼（1897年）及墨尔本（1898年）召开了分会。西澳大利亚代表由议会指定而非经选举产生。昆士兰未参加会议。阿德莱德会议讨论的主要是新的联邦政府将行使哪些具体权力。会议决定，在新的联邦中，所有妇女均拥有选举权；各州不论大小，一律在参议院拥有相同的代表席位。其余争议话题后来在墨尔本会议上得以深入探讨，会议同意州与州之间实行自由贸易。墨尔本会议期间重新起草了宪法，会议决定，修订宪法内容必须经由全民公投决定，而且全民公投必须在人数和州数上过半方才有效。

诸多此类议题都经过激烈争论。新南威尔士的自由贸易政策与维多利亚的保护主义政策之间存在分歧。西澳大利亚以地处偏远为由，提出一些特殊要求，例如修建一条贯穿大陆的铁路线作为加入联邦的先决条件，因而与其他殖民地格格不入。劳工党派大多原则上不反对联邦。他们反对的主要是1891年，以及1898年至1899年提出的宪法草案。他们的反对常基于民主思想，而不是社会主义思想。换句话说，草案中提出每个州不论人口多少，在参议院拥有同等席位，他们认为这不够民主。不过劳工党派的保留意见对全局影响不大。1899年，经过两轮民众投票，五个殖民地批准了宪法。西澳大利亚特立独行，一直持分离主义态度，但最终还是在1900年6月的最后关头同意加入联邦。

在建立联邦的整个过程中，英国基本上抱着冷眼旁观的态度，不参与辩论。不过，英国政府也明白，在行政方面，与一个中央政府打交道，比与六个不同的殖民地政府打交道要简单方便得多。各方同意，澳大利亚将通过设立总督作为英国君主的在澳代表，来体现英国宪法的作用。作为澳大利亚各殖民地的最高政治权力实体，英国有权参与讨论建立联邦事宜。英国关心的是确保大英帝国法律的完整。1900年，澳大利亚各殖民地代表来到位于伦敦的殖民地事务部，讨论澳大利亚法院向英国枢密院提交上诉的问题。英国接受了澳大利亚建立联邦的请求。大英帝国议会通过了澳大利亚宪法，从而扫清了澳大利亚成为一个国家的障碍。新生的澳大利亚联邦于1901年1月在悉尼百年纪念公园举行了成立典礼。出席大典的全是盛装的澳大利亚人和身着华服来访的大英帝国官员。原住民则被抛到脑后，完全不见踪影。

图6. 悉尼百年纪念公园的联邦亭

成为联邦之后，澳大利亚最初的首都是墨尔本，宏伟的维多利亚议会大厦则是议员参政的地方。但是，人们打算建设一个专门的首都城市。鉴于悉尼和墨尔本长期争执不下，都想成为澳大利亚南部的头号大都市，人们决定另选一处地址建造首都，而且位置不能靠近悉尼或墨尔本。1909年，人们在新南威尔士州的丛林中选择了堪培拉作为澳大利亚首都地区（ACT），该地区于1911年确立。1912年，美国建筑师沃尔特·伯利·格里芬（Walter Burley Griffin）赢得设计联邦首都的竞标，但一战爆发拖延了首都的建设。直到1927年，联邦议会大厦才在首都地区的堪培拉落成，澳大利亚政府随之搬迁至此。首都地区与北领地区一样，设自治政府，首席部长为最高行政长官。

澳大利亚的民主政治有许多独特之处，其中有三点特别值得留意：选择投票制、参议院比例代表投票制，以及强制投票制。1918年，澳大利亚开始在联邦选举中采用选择投票制，即选民按照偏好，从众多候选人中选出一位胜者。有效选票需按顺序标出投票人的所有偏好。澳大利亚各政党会将本党的偏好顺序告诉选民。近年来，选择投票制对选举结果产生过重要影响，尤其是助力工党在1990年和2010年的联邦选举中获胜。在争夺参议院席位时，使用的是比例代表制，这就要求候选人拿到一定比例的选票。此外，各政党分得的席位数是根据其所获得的选票百分比决定的。1924年，由于担心投票率过低，澳大利亚实行了强制投票制。有投票资格的选民如果未能投票，有可能被处以罚款。目前实行强制投票制可保证选区内95%的选民参与投票。选择投票制和强制投票制在澳大利亚并不十分受欢迎，但也不会引发多少争议。人们普遍认可这两种方式，尤其是选择投票制（在澳大利亚被称为偏好投票制）。至于强制投票，支持者认为这是一种公民义务，能够准确反映选民意愿。反对者则认为这是对个人自由的侵犯，实际上是在强迫对政治不感兴趣的人去投票。

政党

澳大利亚政党在联邦和州两个层面开展活动。本书将只讨论政党在联邦层面的运作。历史最悠久的有组织政党是1900年成立的澳大利亚工党（ALP），脱胎于1890年至1891年间在新南威尔士、维多利亚、南澳大利亚和昆士兰出现的各劳工党派。工党最早吸收殖民地首府城市近郊的蓝领工人，以及新南威尔士煤矿和小麦产区的劳工阶层。不过，在过去半个世纪，澳大利亚工党的支持者也包括受过教育、思想进步的澳大利亚人，以及国营部门工作者。独具澳大利亚特色的调解仲裁法庭强化了工党与工会的关系。该机构后来成为澳大利亚劳资关系委员会，目前是澳大利亚公平工作委员会的一个下属部门。它成立于1904年，专门处理工作条件和薪酬方面的纠纷。从理论上讲，劳工诉求得由一个独立机构来仲裁，而不是通过劳工行动（如罢工、怠工等）来解决，因此该机构弱化了阶级斗争和劳资谈判的意味。

早期的工党虽然在建立联邦国家过程中作用不大，但它的确是一个激进的民族主义政党。20世纪20年代，工党是一个"民主-社会主义"政党，但60年代之后，工党的宗旨和目标越发接近社会民主党派。历史上，工党大部分时间都在追求温和的政治议题，极少直接攻击资本主义制度。工党更青睐实用主义政治，专注于改良而非意识形态信条。20世纪40年代，工党试图将所有国内航空公司和银行国有化,但都未能如愿以偿。工党吸引了大批非国教信仰者和罗马天主教徒。虽然这种状况曾经造成工党成员分裂,但目前工党内部教派恩怨少了很多。

对工党而言,议会党团和政治纲领具有重要地位。工党党首须由议会党团选举产生,而且,直到不久前各部部长也由议会党团选出。这种政治组织形式有利于高效争取选票,但对选民来说,也存在一些潜在的不良后果。其一是人们更依赖政党机器,而极度轻视独立的政治判断。其二是议会党团中宗派盛行,一旦羽翼丰满,它们就会阻碍政策变革。自20世纪70年代起,工党内部已经存在正式宗派。在一系列宗派中,最左的当属社会主义左派,他们一般更欢迎政府干预经济,在社会问题上持进步态度;最右的则是工党团结派(也称工党右派),他们更支持自由市场政策,对社会事务的态度更为谨慎。工会组织也分裂为各个宗派。

工党自建立之日起,上台执政的时间就相对有限。澳大利亚第一个重要的工党政府于1910年上台,这也是世界上第一个工党政府。到1915年,澳大利亚工党在联邦和五个州处于执政地位。1916年,总理威廉·M.休斯

（William M. Hughes，又称"比利·休斯"）在两场关于征兵制的公投中输掉了第一场，致使工党发生分裂。20世纪20年代，工党在联邦层面处境艰难。由詹姆斯·斯卡林（James Scullin）领导的短命工党政府在1929年到1931年的大萧条期间没能解决失业问题及经济衰退问题，工党进一步分裂。1931年，斯卡林政府倒台，此后工党一直在野，直到10年后，约翰·柯廷（John Curtin）的战时工党政府上台执政，接着是战后迅速登场的本·奇夫利（Ben Chifley）政府。柯廷-奇夫利领导的工党政府负责宏伟的战后重建计划，并增加澳大利亚的移民人口。此后，工党长期处于在野地位，一直持续到20世纪70年代初。20世纪50年代，工党作为反对党时，由于天主教行动主义派及其反对者之间存在分歧，党内出现相当严重的不和。1955年，民主工党（DLP）成立，给工党带来不小的麻烦。在接下来的几次大选中，民主工党指示支持者将偏好选票投给自由党，从而成功地阻截了工党上台执政。

20世纪70年代初，在野23年的工党再度上台。高夫·惠特拉姆（Gough Whitlam）领导工党政府在1972年至1975年间大刀阔斧地实施了大量社会和政治改革，其中包括给予原住民更多权利,废除"白澳政策",将多元文化确立为官方政策,给予妇女更多参政机会,等等。但在1975年底,由于澳大利亚出现经济困难,加之参议院与众议院就拨款法案连续三周僵持不下,总督约翰·克尔爵士(Sir John Kerr)下令解散惠特拉姆领导的工党政府,任命自由党党首马尔科姆·弗雷泽(Malcolm Fraser)作为看守总理,领导自由党与乡村党联盟继续执政。这是澳大利亚历史上唯一一次总督行使这样的权力,亦称为"解散议会"。此举激怒了支持工党的民众,引发持续不断的政治反响。

此后,工党运气欠佳,一直处于反对党地位,直到鲍勃·霍克(Bob Hawke)和继任者保罗·基廷(Paul Keating)出现,才在1983年至1996年间上台执政。霍克创下连任四届澳大利亚总理的纪录。他帮助重塑了工会的角色,并推动了经济增长。但1991年,在他的执政末期,澳大利亚遭遇了自20世纪30年代大萧条以来最高的失业率。基廷则公然蔑视英国留给澳大利亚的传统遗产。他倡导澳大利亚与亚洲建立更紧密的联系,认为澳大利亚有望成为一个独立的共和制国家。然而他却未能如愿。自

1996年基廷下台，工党一直扮演着反对党的角色，直到2007年才再度执掌联邦政府大权，目前在朱莉娅·吉拉德领导下作为少数派政府执政。

在澳大利亚，工党的众多对手经常进行重组以谋取政治利益。与英国不同的是，澳大利亚没有一个羽翼丰满的保守党，也没有哪个政党能够单枪匹马获得广泛的支持来与工党对峙。出现这种局面是不可避免的，因为澳大利亚的社会结构相对扁平，平等主义思想深入人心，同时也不存在世袭贵族阶层。在20世纪初，反工党政治势力就坚决反对社会主义，尤其反对受国外左派思潮影响而形成的激进社会主义。这些反工党政治势力都支持私有财产及其权益，强调拥有个人房产的重要性，并且自然而然地得到雇主组织的支持。然而，他们并不完全站在私营企业一边：他们也认同应该在国有企业和私营企业之间求得平衡。

反工党团体的支持者有许多白领工人、专业人士、小企业工人，以及担心自身权益受损的牧场主和牧民。一战期间，工党因征兵问题发生分裂，从战场回国的澳新军团士兵壮大了反工党势力。退伍及现役军人联盟（RSL）成为这些势力的堡垒。工党对手中有紧密团结的新教徒，他们与工党内的天主教党员势不两立。不过，这一状况现在已经渐趋缓和。反工党政党的核心宗旨之一就是坚持所有党员及支持者自愿参加选举投票。1944年成立的自由党一直秉持这些理念。尽管在如今的澳大利亚政坛，各政党都严格遵守政党纪律，但自由党党员却不必保证在投票时追随本党意见，而工党党员在投票时必须与本党保持一致。

在澳大利亚，反工党政党执掌政坛的次数比工党多，但也必须依赖政治联盟与相互妥协才能上台。澳大利亚建立联邦后不久，就出现了两个反工党政治团体，即奉行保护主义的自由派，以及主张自由贸易的保守派。1909年，为了击败工党、组建政府，迪金带领自由派与自由贸易党合并。在1916年征兵制公投之后，休斯与工党决裂，导致新成立的国家工党政府与自由党结盟，组成国家党。接下来，更多保守党派重新走到一起。一战结束时，代表家庭农场主和农村选民的乡村党成为一支政治力量，于1923年与国家党组成联盟。双方达成折中方案，决定通过征收关税来保护制造商，同时给予农民补贴。从1923年到1929年，两党联盟把持大权，一方是国家党党首、亲英派墨尔本商人斯坦利·墨尔本·布鲁斯（Stanley Melbourne Bruce），另一方是乡村党党首厄尔·佩奇（Earle Page）。

斯卡林政府下台后，新的反工党政党——澳大利亚联合党（UAP）开始执政。该党最早的领导人为约瑟夫·莱昂斯（Joseph Lyons），他施政温和，主要负责恢复国家经济；继莱昂斯之后领导该党的是更为强势的铁杆亲英派罗伯特·戈登·孟席斯（Robert Gordon Menzies）。联合党汇聚了国家党党员和保守的前工党党员，之后又恢复与乡村党结盟。孟席斯于1939年接替莱昂斯的位置，但在1940年大选后，仅赢得微弱多数，只能倚仗议会中独立议员的支持。1941年，两名独立议员转投工党后，孟席斯被迫辞去首相之职，并作为反对党在野长达八年之久。在此期间，他于1944年组建了自由党，这个中右翼党派取代了联合党。虽然自由党与国家党（即之前的乡村党）合作，但自由党一直是澳大利亚主要的反工党政党。

孟席斯于1949年再度成为总理，并在这个位置上稳坐16年，这在澳大利亚历届领导人中是独一无二的。他领导的政府专业、务实，很少纠缠于意识形态。在他

1942年发表的广播讲话《被遗忘的人群》中,孟席斯宣示了对中产阶级的信心。他相信中产阶级具有进取心和抱负,"他们被夹在虚假的阶级斗争磨盘中间反复碾压,一边是上层,一边是底层。中产阶级是我们这个国家当之无愧的中坚力量"。因此,他认为必须保护白领阶层的社会地位和财产,关注社会正义和国家实力,反对社会主义。从整体上讲,孟席斯能够灵活巧妙地处理危机。他曾试图禁止共产主义在澳大利亚发展,不过,1951年的全民公投驳回了这一企图。孟席斯政府赶上了20世纪50年代经济发展的好机遇,包括高就业率、大规模移民、高出口价格等,同时也得益于工党内部发生分裂,反对力量一盘散沙。1966年初,孟席斯退休,随之而来的是几个短命的自由党政府,从而结束了战后该党长期执政的局面。

20世纪70年代以来,澳大利亚出现过两次自由党政府长期执政,一次是1975年至1983年的马尔科姆·弗雷泽政府,一次是1996年至2007年的约翰·霍华德(John Howard)政府。弗雷泽三次大选赢得多数席位。他努力解决1973年石油危机带来的经济不景气问题,而且在最后一届执政期内,就工人工资和就业问题与工会进行艰苦谈判。弗雷泽致力于促进多元文化，欢迎更多亚洲移民进入澳大利亚，并支持北领地区原住民对土地所有权的诉求。在执政末期，他的党内领导权受到挑战。在1983年大选中，弗雷泽输给工党，自由党从此开始了13年的在野期，他的政治同僚也因此事而指责他。

约翰·霍华德政府认为多元文化搞得过了头，应该回归保守主义，这有利于澳大利亚的未来发展。霍华德赞同建立在和谐基础上的社会结构，而其大意就是要保持主流的盎格鲁-凯尔特文化。他主张自由市场经济，在他的领导下，自由党明显变得更加保守。霍华德支持美国在外交政策上干预中东事务。2003年，他派遣部队支持美国入侵伊拉克。在其执政的最后几年里，因力推改变劳资关系的工作选择制度，霍华德遭遇了严重的政治阻力。这一彻底改变工作制度的改革提议遭到工会反对，也遭到许多澳大利亚人诟病，最终导致他在2007年大选中败北。

原住民权利

在澳大利亚部分殖民地，原住民有选举权，但昆士兰和西澳大利亚先后于1885年和1893年将原住民拦在选举大门之外。1901年，澳大利亚成为一个国家，原住民不享有选举权和公民权、不被列为人口普查对象的情况与之相随。1922年，各州与联邦实现了选民名单规范化，但仍没给予原住民选举权。1949年，议会立法，确定州选民名单上的人可以参加投票，服过役的军人同样有投票权。到1962年，所有人都获得了选举权。这是因为美国民权运动成功改善了黑人待遇，这一胜利对澳大利亚的选举变革产生了积极影响。在澳大利亚，原住民活动家的努力也功不可没。1967年，哈罗德·霍尔特（Harold Holt）领导的自由党政府举行了一次全民公投，讨论是否应授权澳大利亚联邦议会为澳大利亚原住民立法。投票者一边倒地支持这一重大政治改革。然而，到20世纪70年代初，原住民族群仍然很少被纳入国家政治生活，因此，那些原住民活动家在堪培拉旧议会大厦外的草坪上搭起帐篷、插上原住民旗帜，建立"帐篷使馆"作为另类议会与联邦议会对垒。

原住民族群关注的一个主要问题是拥有土地所有权。两个世纪以来，移民在整个澳大利亚拓展自己的地盘，他们经营的牧场和矿业公司所占据的土地栖息着原住民祖先的神灵，对他们意义非凡。1976年通过的《原住民土地权利（北领地区）法》是第一部承认原住民拥有土地所有权的法律。这部法律赋予原住民族群不动产终身保有权，让他们拥有之前所谓的"保留地"。20世纪90年代两次标志性法律裁决也具有重大意义。1992年6月，澳大利亚高等法院作出"马博裁决"，首次承认澳大利亚部分地区存在原住民土地所有权，且原住民是这片土地的合法拥有者。这一裁决隐晦地驳斥了欧洲殖民者对澳大利亚的理解，在他们眼里，澳大利亚是一块无主之地。但该裁决只涉及尚未使用的王室土地、国家公园和一些租赁土地。有些州政府拒绝合作，不执行国家立法规定的与原住民社区签订的新租约和补偿款支付事宜。

1996年，解决原住民威克人与昆士兰州政府纠纷的"威克裁决"规定，原住民的土地所有权与牧场租约可以同时存在，但租约不一定意味着原住民土地所有权失效。这一裁决模糊了土地所有权、土地占有与土地使用之间的问题。20世纪90年代末，自由党政府对"威克裁决"暗自侵害原住民土地权的状况无动于衷，并用两年时间起草法律文本，保护已经与原住民签订租约的矿主和牧场主。霍华德曾这样概述其自由党政府对这一问题的态度："钟摆过度偏向原住民，必须重新调整。"1999年，霍华德提出"和解动议"，表示"由于过去几代人的所作所为，澳大利亚原住民蒙受不公对待，在此向他们表达深切和诚挚的悔意"。2007年，由于越来越多的证据显示原住民社区存在暴力、健康问题和性虐待，于是政府通过了一项颇具争议的法案，允许联邦政府介入北领地区的原住民事务。2008年2月13日，陆克文总理领导的工党政府为非原住民对原住民做出的不公行为正式道歉。除霍华德外，所有健在的澳大利亚总理均出席了那次活动。

走向共和制？

早在19世纪末，就有人开始辩论澳大利亚是否要成为一个共和制国家，支持共和制的人在杂志上发表自己的观点，例如悉尼颇具影响力的《公报》。1887年，共和制联盟在新南威尔士成立。然而，在澳大利亚成为联邦之前，讨论共和制问题的只有知识分子和专业人士，共和制从未获得广大民众的支持。此后，在20世纪的大部分时间里，支持共和制的观点并没有很大市场。共和制的呼声之所以低迷，主要是因为1901年制定的宪法条款非常有效，使澳大利亚因此成为一个以英国议会制为模板的和平国家；同时，还因为澳大利亚与英国有着源远流长的联系。虽然澳英纽带在20世纪60年代有所削弱，但澳大利亚并没有马上出现共和运动。1976年的一次民意调查显示，有39%的澳大利亚人倾向于共和制。但到1985年，另一项民调显示这一比例已经下滑到30%。从传统意义上讲，爱尔兰-天主教裔的澳大利亚人比有英国-新教背景的澳大利亚人更倾向于共和制。不过，过去30年来，这种源于教派的分歧已经缩小。如今，支持和反对共和制的人中既有新教徒，也有天主教徒。2010年11月21日，《太阳先驱报》和《悉尼先驱晨报》对1000位读者进行了调查，调查显示68%的受访者要求澳大利亚成为一个共和制国家。

在20世纪90年代，澳大利亚是否要成为一个共和制国家成为一个重要的政治议题。自1991年以来，工党正式提出支持共和制。相比之下，自由党中既有支持君主制的，也有支持共和制的。1993年，基廷把建立共和制国家列为工党的竞选承诺，他希望进行一次全民公投，在2001年澳大利亚庆祝建立联邦一百周年之际完成一次重大的宪法改革，实现共和制。但这一主张极具争议。共和制支持者认为，澳大利亚不应该继续让另一个国家的领导人担任自己国家的元首；当一个国家能够选举或任命自己的领导人时，这个国家才算得上实现了民族自决；只有实现了这一重大政治变革，澳大利亚才能确立自己的民族认同。然而，那些支持保留女王作为澳大利亚名义国家元首的人认为，君主立宪制给澳大利亚带来稳定政局，而且现在总督已经必须是澳大利亚人，其地位已经不再对澳大利亚民主政治构成威胁。此外，还有一些人对女王伊丽莎白二世（Elizabeth II）一直充满爱戴与忠诚。

1998年，霍华德政府召开了一次宪法会议来讨论这一问题，目的就是给澳大利亚人一个选择共和制或君主制的机会。参加此次会议的代表一部分通过选举产生，另一部分由霍华德指定。1999年，澳大利亚举行了全民公投，结果是所有州均不支持共和制。那些对此结果大失所望的人认为，公投命题中刻意使用了一些措辞才导致这一结果。这倒也不无道理,特别是其中一个重要问题语义含糊:澳大利亚是否应该由一位总统担任国家元首,此人如何通过选举产生,应该向谁负责。霍华德则声称,此次全民公投结果已经明确无误地解决了这个问题。不过,尽管澳大利亚共和运动目前并不是主要政治议题,但似乎将来还会再次浮出水面。现任总理朱莉娅·吉拉德称,希望澳大利亚人"通过协商找到解决共和制问题的出路"。为了实现这一目标,澳大利亚共和制必须考虑更广泛的宪法改革,而不仅仅局限于国家元首的权力这一问题,并且澳大利亚人要服从符合所有澳大利亚人权利的新宪法安排。

第四章

澳大利亚与世界

前面各章分别介绍了澳大利亚在移民、贸易、通信方面与外界交往的情况，本章将讨论澳大利亚在外交政策、安全与国防领域的优先事项，以及澳大利亚参与重大国际冲突的情况。1850年之前，澳大利亚各殖民地共同构成一个人口相对稀少、地处南太平洋的前哨站，其国际往来对象大多数时候都是英国。他们对亚洲知之甚少，只有为数不多的华人、阿富汗人、印度人和其他亚洲人生活在这里。除了南澳大利亚有一块德国路德教信徒占据的飞地（以及维多利亚和昆士兰南部部分地区生活着规模更小的类似族群），澳大利亚殖民地与整个欧洲大陆在语言和移民方面都交集甚少。当时美国以其政治制度和共和思想闻名于世，但澳大利亚殖民地居民与美国人并没有多少文化上的联系。1850年之前，澳大利亚在陆军和海军方面需要仰仗英国，不过由于澳大利亚从未遇到什么重大威胁，所以无需经常寻求这些帮助。

自澳大利亚殖民地建立责任政府到成立联邦这一时期，情况发生了巨大的变化。在此期间，通过19世纪50年代中国以及许多其他国家前来淘金的移民，澳大利亚越来越意识到亚洲和世界其他地区的存在。中国与其他亚洲大国从未打算与澳大利亚发生任何军事冲突，因为它们大都内乱重重，十分虚弱，根本不会对澳大利亚产生任何军事企图。即便如此，许多澳大利亚人仍忧心忡忡，担心外族移民大量涌入。于是，几个澳大利亚殖民地开始遏制亚洲移民进入澳大利亚。日本在1894年至1895年的中日甲午战争中打败中国，并于1905年5月27日至28日，在对马海峡（今位于韩国与日本之间）一举打败实力占优的沙俄舰队，这使澳大利亚人不再担心"中国觉醒"，转而担心日本人在太平洋扩张的野心。澳大利亚人对这场日俄海战进行了广泛报道。当时流传着这样一句话："黄种人给白种人上了一课，而澳大利亚人再不警醒便危险了。""黄祸"一词也正概括了这种心态。这个词于19世纪90

年代出自德皇威廉二世（Kaiser Wilhelm II）之口，当时他阅读了一篇澳大利亚人写的文章，文章认为中国崛起将导致西方势力及影响在太平洋地区衰落。澳大利亚正是怀着这种独处亚洲一隅孤立无援的恐慌心理进入了20世纪。

法国于1844年和1853年先后占据塔希提岛和新喀里多尼亚，但这些举动对澳大利亚并不构成军事威胁。1870年至1871年普法战争之后，澳大利亚不再担心法国在太平洋地区的存在，转而时刻关注英国与德国的扩张政策。澳大利亚各殖民地都希望尽量将南太平洋保留为英国的"后湖"，他们担心德国人不断蚕食这一地区。从19世纪60年代末开始，澳大利亚各殖民地就不断催促英国政府吞并这些南太平洋岛屿。1883年，昆士兰总理托马斯·麦基尔雷思爵士（Sir Thomas McIlwraith）就谴责外国势力侵占赤道以南地区，称其"对英国领地安全和福祉具有极大破坏性，对大英帝国利益构成危害"。毫无疑问，他指的是德国，因为就在这一年，俾斯麦（Bismarck）夺取了新几内亚东北部，而英国保住了新几内亚东南部，也就是巴布亚。麦基尔雷思曾试图将新几内亚并入昆士兰，但遭到英国掌管殖民地事务的国务大臣拒绝，理由是：一个殖民地无权吞并其他殖民地。相反，1884年，英国在新几内亚东南部建立起保护国。到19世纪90年代，澳大利亚已经不怎么担心德国人在南太平洋地区的活动，因为此时德国在亚太地区的殖民帝国似乎仍将微不足道，而且俄国在此地也不会构成什么威胁。

19世纪末，美国吞并了夏威夷，又通过美西战争（1898）夺取菲律宾。对此，澳大利亚欢欣鼓舞。这是因为一个在政治和语言上有盎格鲁-撒克逊民族渊源，且对澳大利亚态度友好的国家在太平洋占据了一方土地，似乎能够给澳大利亚带来一些缓冲，使之免受来自亚洲的侵蚀。1908年，艾尔弗雷德·迪金邀请西奥多·罗斯福（Theodore Roosevelt）总统派遣"伟大的白色舰队"出访澳大利亚，让澳大利亚见识一下美国海军的强大实力。1908年8月，舰队如期访澳。美国海军陆战队士兵在悉尼马丁广场列队接受检阅，大批群众驻足观看。澳大利亚当时没有自己的海军，而强大的美国海军舰队的到来，则象征着盎格鲁-撒克逊世界团结一心，并向澳大利亚的亚洲邻国发出一个信号：你们就待在你们的亚洲吧。不过，我们可以看到，在此阶段澳大利亚与大英帝国的紧密关系仍是至高无上的。

到了20世纪，澳大利亚与外界的交往变得更加复杂。作为一个独立国家，澳大利亚要努力承担巩固国防、保卫自身安全的责任；亚洲国家给澳大利亚带来更大的威胁；澳大利亚也越来越依赖超级大国美国的支持。虽然澳大利亚维系着与英国的帝国纽带，但这种联系在二战后明显减弱。20世纪，重大国际冲突不断发生，这给澳大利亚提出了问题：澳大利亚是否正在被拖进与自身防务或安全没有直接关联的其他民族的战争；又或者，澳大利亚是否有必要参战，从而与其他民主盟友维持良好关系，对抗法西斯主义和国际恐怖主义。澳大利亚建立联邦之后，贸易与海关部和外事部在对外代表澳大利亚方面发挥了重要作用。1987年，这两个部门完成合并，成为外交贸易部。驻外外交使团的发展相对较慢。1940年，澳大利亚只有四个外交使团，分别位于伦敦、渥太华、东京和华盛顿特区。如今，澳大利亚已经向海外派驻了80多个外交使团。

帝国纽带

从第一舰队到达澳大利亚至澳大利亚联邦建立，澳大利亚一直依赖英国来满足自己的国防需求。1788年1月，三个连的海军陆战队士兵到达植物湾，后被新南威尔士军团取代。这支殖民地守备部队驻守悉尼，常备550人，于1809年被召回。从1810年到1870年，澳大利亚各殖民地均由英国陆军步兵团驻守，他们的主要任务是修筑、保卫要塞和兵营。1870年，这些常规部队撤离澳大利亚。不过，他们的离去并未造成多少波动，因为他们的任务从不包括抵抗外敌、保卫澳大利亚。在这之后，殖民地志愿民兵组织承担起保卫澳大利亚领土的任务。澳大利亚各殖民地还要依赖英国海军的保护。从1821年起，一艘来自东印度群岛海军基地的军舰例行驻防悉尼。1859年，澳大利亚海军基地成立，由一位海军准将管辖，巩固了自治殖民地的防务。皇家海军一直以此为任，服役至联邦建立。在1887年伦敦召开的殖民地会议上，澳大利亚各殖民地政府同意每年向英国缴纳12.6万英镑，用于支付这支海军中队的开销。

这种事关澳大利亚国防的军事安排反映出澳大利亚与英国之间持续不断的联系，但这并不意味着澳大利亚会自动认为当母国陷入战争时，自己有必要挺身而出。因此，1854年英国加入克里米亚战争，与土耳其共同对抗俄国时，澳大利亚并未派兵支援。另一方面，澳大利亚志愿民兵曾于1845年和1860年前往新西兰同毛利人开战。新西兰于1840年被英国并入自己的版图，其移民人口构成被认为与澳大利亚相似。当毛利人奋起反抗英国殖民者的统治时，澳大利亚认为应该参加战斗，支援自己的母国。第二次毛利战争发生在怀卡托，2600名澳大利亚志愿兵加入了大英帝国军队的行列。到19世纪70年代和80年代，大英帝国在非洲和印度大肆扩张，令许多英国殖民地的人欣喜若狂。在澳大利亚，维多利亚女王被奉为向世界传播英国价值观的最高权威。随着澳大利亚与大英帝国的纽带日益强化，澳大利亚愈发频繁地派兵支援英国的战争。不管英国的对手是谁，他们统统都是澳大利亚的敌人。

别人的战争?

澳大利亚派出的第一支援英海外作战小分队来自新南威尔士。1885年2月,近800名步兵和炮兵乘船从悉尼驶往非洲,参加英军在苏丹支援埃及统治者的战斗。当时,伊斯兰领袖马赫迪(Mahdi)向苏丹的埃及统治者发起圣战。英国方面则派出查尔斯·戈登爵士将军(Gerneral Sir Charles Gordon)前往喀土穆恢复秩序。但德尔维希[1]向驻守喀土穆的英国军队发起进攻,并用利剑砍死戈登。澳大利亚人抱着满腔爱国热情加入战斗,渴望向马赫迪的部队复仇。这是第一次由一个自治的英国殖民地派出军队参加大英帝国的战争。不过,驻防在苏丹的两个月时间里,澳大利亚小分队很少参加战斗。他们的主要任务是守卫一条有益于英埃军队的在建铁路。

参加苏丹战争并不意味着澳大利亚殖民地居民未来也会自动加入大英帝国的战争。但在19世纪末,英国人为保住自己在南非的地位闹得沸沸扬扬,澳大利亚人也力

---

[1] 德尔维希:1880年至1885年追随苏丹马赫迪反抗英埃统治的上埃及和苏丹的部落成员。

表支持。在1899年到1902年的英布战争（即南非战争）中，澳大利亚部队扮演了重要角色。这次冲突正值英国在非洲的帝国主义扩张达到巅峰，澳大利亚各殖民地共派出约一万名士兵支援英国，为其控制兰德金矿，并帮助他们打败奥兰治自治邦和德兰士瓦两个布尔人共和国。此次澳大利亚并非单独成军，而是始终作为加拿大、新西兰和英国混合部队的一部分行动。澳大利亚军队主要参加了在埃兰兹河（1900年8月）和威尔曼斯勒斯特（1901年6月）两次时间较长的战斗，两地均位于德兰士瓦。在南非的澳大利亚淘金者也加入了开普殖民地部队及其他非正式部队，与英国人并肩对抗布尔人。最终只有500余名澳大利亚人就地阵亡或死于伤病。相比整个英国及帝国其余军队10万左右的伤亡人数而言，这只占很小一部分。大英帝国军队最终打败南非的阿非利坎人，而这场战争也巩固了英国与澳大利亚的防务关系。

澳大利亚士兵与澳新军团

一战爆发，澳大利亚第一次作为一个国家与外界产生重大军事联系。1914年6月28日，弗朗茨·斐迪南大公（Archduke Franz Ferdinand）在萨拉热窝遇刺身亡，成为战争的直接导火索。四天之后，澳大利亚人踊跃参加志愿军，支援英国对抗德国。对大英帝国的赤胆忠心再次让人们义无反顾。澳大利亚工党领导人安德鲁·费希尔（Andrew Fisher）宣称："澳大利亚会站在自己人一边，保卫英国直到最后一个人、最后一个先令。"这句名言反映了当时人们的普遍情绪。1914年11月9日，澳大利亚战舰在科科斯群岛外击沉德国巡洋舰"埃姆登"号。《悉尼先驱晨报》写道：

> 1914年11月9日，星期一，这是澳大利亚人民引以为傲、将永远铭记的日子。事实上，随着时光流逝，澳大利亚人会愈发为此感到骄傲……这是我们的第一次海战；一个崭新的澳大利亚从此诞生。

一战开始之前，澳大利亚已经于1911年建立了澳大利亚皇家海军，其编制为帝国军队的一个舰队，必要时可踏上远征之路。澳大利亚还在堪培拉郊外的邓特伦建立了一所军事学院。在大战爆发前四年里，澳大利亚所有12岁至20岁的男性都参加过义务军训。1914年秋天，澳大利亚志愿军从各港口出发，驰援英国，他们被称为澳大利亚帝国部队（AIF）。他们与新西兰士兵一起，以澳新军团的番号作战。共有36万余名澳大利亚志愿军参加了一战，他们征战于中东、北非和佛兰德的战壕。因总理休斯提出有必要实行义务兵役制，以支援协约国打赢这场旷日持久的战争，在整个一战期间，澳大利亚进行了两次关于征兵制的全民公投。然而，两次公投都充满争议，最终均被否决。

澳大利亚参加一战的重要意义在于塑造了英勇无畏的士兵形象，他们让一个新生国家经历了战火洗礼。澳新军团所参加的加利波利登陆战对澳大利亚影响深远。在此次作战行动中，澳大利亚与协约国一起，对这个毗连达达尼尔海峡的半岛展开两栖攻击，旨在夺取君士坦丁堡，打败奥斯曼帝国，从而切断土耳其对德国的支援，最终促使东线战役尽早结束。加利波利战役从1915年4月打到12月，但以失败告终，澳大利亚及协约国部队出现重大伤亡。战役并未达到任何重要军事目的。澳大利亚首次在世界大战中重磅亮相,其英勇表现和作出的牺牲令人敬佩。4月25日,也就是澳大利亚部队登陆加利波利半岛的日子,已经成为澳大利亚的全国性节日,人们每年都要举行纪念仪式。整体来说,澳大利亚在一战中死亡六万余人,超过参战人数的六分之一。1941年于堪培拉落成的澳大利亚战争纪念墙上展示了每一位阵亡者的名字以作纪念,战后建立的许多圣坛和纪念碑也记下了他们的姓名以表达对牺牲者的敬意。同时,这些圣坛和纪念碑还用于纪念所有那些上过前线并活下来的将士,这一点与其他国家有所不同。

澳大利亚著名战地记者C. E. W. 比恩(C. E. W. Bean)出过书讲述澳新军团英勇征战的故事,尤其是他们在加利波利战役中的事迹。不过,在充分肯定军人英勇精神的同时,澳大利亚人的勇武善战也被夸大为神话。比如人们在讲述澳新军团的故事时,会刻意拉开英国军官与澳大利亚普通士兵的距离,以突显澳大利亚士兵脚踏实地、自强自立、能力过人。但这种解读往往会高估澳大利亚对战争的独特贡献:事实上,澳大利亚部队的纪律及作战技巧主要是拜英国正规军为师的结果。即使在今天,人们对澳新军团传统仍各执一词，众说不一。一方面，有人认为这些故事让他们在回忆起澳大利亚在战争中作出的贡献时充满自豪，因此值得称赞。另一方面，许多澳大利亚人则批评这些渲染持续不断地公开把澳大利亚与战争联系起来。

在1919年的巴黎和会上，澳大利亚总理休斯试图说服各战胜国迫使德国赔偿全部战争损失，但未能如愿。不过，他倒是如愿以偿地阻止了日本将种族平等条款写入国际联盟公约的提议。自从1905年日本打败俄国海军之后，澳大利亚一直非常警惕日本的军事潜力。日本在20世纪30年代快速完成现代化和军事化进程，似乎是最具侵略性的亚洲国家，极有可能在某个时间向澳大利亚发动进攻。因此，澳大利亚政界密切关注日本的扩张目标。澳大利亚只有700万人口，而日本有1亿人。澳大利亚外事部部长约翰·莱瑟姆（John Latham）于1934年赴远东地区开展了一次亲善之旅。访问中他对日本的军事扩张行为发出警告，并声称"如果日本胆敢派兵踏上澳大利亚领土……他们会发现自己捅了马蜂窝"。

这番言论颇有胆量，但此时澳大利亚并不具备足够的国防实力，无法做到言出必行。不过，在接下来五年里，局势发生了变化。日本于1937年全面入侵中国，企图成为东亚霸主。澳大利亚虽然效仿英国在欧洲实行的绥靖政策，但还是决定重整军备，包括建造自己的战机，扩充海军力量。1939年4月，孟席斯成为总理后，确认了澳大利亚对大英帝国的承诺，但他也明确指出，澳大利亚需要保障自己在防务和安全上的国际安排："英国称为远东的地方是我们的近北"，因此，"在太平洋，澳大利亚必须自己扮演主角，为自己提供信息，并与他国保持外交关系"。

1939年9月3日，第二次世界大战全面爆发，澳大利亚立刻作出回应，参加同盟国的行动。孟席斯在电台广播中言简意赅地宣布：

各位澳大利亚同胞，我怀着沉重的心情正式告知你们，由于德国执意入侵波兰，英国已对其宣战。因此，澳大利亚也对其宣战。

澳大利亚政府派出澳大利亚皇家空军（RAAF）战机和多艘澳大利亚皇家海军（RAN）舰艇加入英国军队作战。这是澳大利亚第二次组建帝国部队，同样全部由志愿兵组成。他们主要在北非的沙漠中作战,先是对抗意大利,然后对抗德国的隆美尔(Rommel),其中最重要的是1941年4月至12月的图卜鲁格防御战,以及1942年7月、10月和11月在阿拉曼的两场战役。同盟国在阿拉曼大获全胜,促使德国于1943年5月在北非战场投降。澳大利亚还参加了1941年抗击德国入侵希腊及克里特岛的战役。之后,在埃及、叙利亚、黎巴嫩及整个地中海地区,澳大利亚又先后参加了抗击德国、法国维希政权和意大利的战斗。相比之下,澳大利亚人在欧洲战场上参战较少。澳大利亚军队意志顽强、纪律严明,赢得广泛赞誉。

这场战争持续时间之久、覆盖地域之广,给澳大利亚国内带来巨大影响,其程度超过第一次世界大战。根据1940年通过的《国家安全法》,澳大利亚人必须响应国家征兵号召,加入民兵队伍。政府后又出台配给制政策,并管控国家工业资源,以备战时之需。国家还采用了夏令时以节省能源。战争期间,一些欧洲侨民及所有日本侨民都被关押起来。政府发放了个人身份证。从1942年起,衣服、鞋子、茶叶、黄油和糖类都成为限量配给物资。越来越多的妇女被征调组成军队辅助力量。到1942

年，约 50 万澳大利亚人都在从事与弹药、飞机、军需物资、机场、港口及道路相关的工作。在澳大利亚北部，原住民也受雇从事一些体力劳动，如挖厕所、锯木头、运碎石等。

在二战中，日本军国主义扩张行径直接威胁到澳大利亚。日本开战时澳大利亚人大为震惊，因为他们中很多人一直闭目塞听，对国外发生的情况一无所知。1941 年 12 月 7 日，日军轰炸机摧毁了美国部署在夏威夷珍珠港的部分舰艇。约翰·柯廷总理没有等待英国的回应就立刻宣布澳大利亚对日开战。他还向美国寻求军事援助。在墨尔本《先驱报》的一篇历史性文章中，柯廷宣称澳大利亚需要这种援助："我直言不讳，明确地讲，澳大利亚寄希望于美国，我们并不会因为与英国的传统纽带和亲缘关系而感到不安。"面对外敌可能的入侵，澳大利亚不堪一击，这是由几个原因造成的：澳大利亚基本上依赖英国提供海军保护；北部数千英里的海岸线并未设防，日本人可以乘虚而入；另外，澳大利亚的精锐部队大多正在遥远的地球另一边作战。

温斯顿·丘吉尔（Winston Churchill）曾再三向澳大

利亚打保票，称英国在亚洲水域的头号海军基地，也就是新加坡海军基地，人员充足，安全稳固，英国会派出海军舰艇保卫澳大利亚。但此时，英国已无法派军队保卫新加坡海军基地。1942年2月，日军进攻新加坡，他们穿过马来半岛的丛林，从北面突袭海军基地。四天之后，日本又对达尔文进行空袭。这些行动印证了澳大利亚人的恐惧。他们原本指望新加坡能够坚守六个月，但日军只用了10天就将其拿下。最后，约15,000名澳大利亚军人被俘，许多人被关进臭名昭著的樟宜监狱，还有些人被送到缅甸修铁路，直到战争结束才重获自由。在澳大利亚国内，人们非常担心因兵力有限，从阿德莱德延伸至布里斯班的"布里斯班防线"以北的大片领土将落入日本侵略军之手。这条防线的目的是集中力量保护澳大利亚东南部，也就是大部分工业及军工产业资源的所在地。不过，认为采取这一计划是将澳大利亚大片领土拱手让给日本人的说法其实过于夸张。

1941年12月，美国军队从菲律宾转调，首次进驻澳大利亚。美国决定将澳大利亚变成其在西南太平洋地区的基地后，盟军最高指挥官道格拉斯·麦克阿瑟将军

（General Douglas MacArthur）于1942年3月到达澳大利亚。此后，直到战争结束，约有100万美军途经澳大利亚，澳大利亚人与美国人并肩作战。美国人指挥盟军空军和海军，陆军司令则是曾经在第一和第二澳大利亚帝国部队服役过的托马斯·布莱米爵士将军（General Sir Thomas Blamey），不过麦克阿瑟才是实际指挥军事行动的人。柯廷坚持要求丘吉尔把澳大利亚两个师的兵力从中东调回澳大利亚，以抗击日本入侵。1943年2月，澳大利亚又从非洲争取调回一个师。一战期间，柯廷曾坚决反对征兵，而此时，他下令征召澳大利亚人入伍，征兵范围一直向北延伸到赤道。

1942年，澳大利亚民兵武装被派往新几内亚与日军作战，他们行走的路线是令人生畏的科科达丛林小径。澳大利亚人与美国人还在海战和空战中并肩战斗，打击日本侵略者，并于1942年5月和6月，在珊瑚海海战及中途岛战役中重创日军。到1945年8月，太平洋战争结束时，共有50余万澳大利亚人参军。在这场战争中，澳大利亚损失了3.4万人。尽管澳大利亚在战争中贡献巨大，尤其是在北非和南太平洋地区，但在他们参与的所有军事行动

图7. 1942年11月,工兵在新几内亚科科达修建桥梁

中,没有哪一场战役像一战期间的加利波利战役那样最具标志性,虽然科科达小径战役也很重要。

从冷战到反恐

澳大利亚依赖美国提供军事援助,但并没有完全切断英澳联系。不过，二战后大英帝国衰落，美国巩固了其超级大国的地位，澳大利亚显然觉得必须仰仗美国提供今后的国防安全保障。有人曾建议，澳大利亚作为一个独立国家，应该有自己的外交政策，而不是指望超级大国施以援手。但不久核战阴影潜行，在冷战期间将整个世界划分成西方国家和社会主义国家两大阵营，证明这种想法行不通。全世界都看到苏联试图将共产主义思想传播到东欧和中欧。澳大利亚担心其传播会扩散到亚洲国家。

二战结束后，澳大利亚尤其关心如何在太平洋地区维持和平与安宁，如何与亚洲邻国维持友好关系。1945年后，澳大利亚以为日本会因在二战中蒙受耻辱而怀恨在心，打击报复，但很快发现这种担忧多此一举。1950年末，澳大利亚开始从日本撤回占领军。1947年印度与巴基斯坦实行分治后，澳大利亚与两国均建立起友好关系。澳大利亚支持中国的国民党政府，因为在二战期间，中华民国曾是澳大利亚的盟友。澳大利亚通过游说联合国的国际论坛，帮助印度尼西亚摆脱荷兰统治，实现独立。然而，随着冷战不断深入，澳大利亚越来越担心共产主义影响会从亚洲国家传播到澳大利亚。1949年，毛泽东领导中国人民建立中华人民共和国，国民党政要逃到台湾，同时共产主义思想迅速传入朝鲜，这些情况都让澳大利亚人愈发不安。苏联把注意力转向了东方，这里没有北约（北大西洋公约组织）这样的组织来阻止他们扩大影响力。

因此，二战后澳大利亚的外交工作及外交政策走向主要是倚仗美国的帮助，守住太平洋地区。1949年之后，中国的崛起促使澳大利亚采取行动对抗亚洲的共产主义思想，包括与友好的非社会主义国家签订协议和条约，形成互相支援的防务同盟，以及继续与英国及其他有共同利益的英联邦国家进行合作。例如，澳大利亚、新西兰与英国签订了《澳新马条约》。根据该条约，澳大利亚与新西兰帮助英国守卫马来亚地区。该条约于1950年生效，同年，澳大利亚派出战机支援英国军队镇压马来亚共产党领导的起义。

不过，澳大利亚与其他英联邦国家签订的并不总是军事协议。1950年，孟席斯政府参与建构科伦坡计划，与其他六个英联邦国家外长商定帮助东南亚欠发达国家提高生活水平，获得科学技术，以期抵御共产主义。在该计划实施的头六年里，澳大利亚资助了3100多万英镑用于经济与社会发展方面的合作，如在东南亚国家修建公路、铁路、机场、大坝、化肥厂等。该计划还资助亚洲学生前往澳大利亚大学学习，并帮助成员国之间完成技术转让。

首相克莱门特·艾德礼（Clement Attlee）的英国工党政府明确表态，比起太平洋地区，英国更关注中东地区的防务问题，由此可见，澳大利亚不能再指望英国提供安全保障。因此，澳大利亚与美国签订防务协议更为重要。但是在1945年至1949年间，澳大利亚这一愿望未能实现。澳大利亚原本希望使用美国的太平洋基地，如关岛和马努斯岛，美国则更关注在欧洲、中东及东北亚这几个候选地，而非在南太平洋部署军事力量。1950年6月朝鲜战争爆发，澳大利亚站在美国一边。澳大利亚参战主要是为了与美国签订防务条约。二战期间，朝鲜半岛曾被日本占领，战争结束时则被北纬38度线划分为南北两半：半岛北边为社会主义政权，而半岛南边则由独裁专制、镇压民众的政府统治。美国领导"联合国军"支持韩国，澳大利亚为其提供军事援助，美国深表感谢。朝鲜战争陷入僵持状态长达两年，最终于1953年签订停火协议，并延续至今。

1951年签订的《澳新美安全条约》巩固了澳大利亚

与美国在外交政策上的联系。条约由澳大利亚、新西兰和美国签署，明确规定如果任何一方认为其在太平洋地区的领土完整性、政治独立性或安全受到威胁，各缔约国应共同磋商。澳方支持美国与日本签订和平条约，作为回报，美方同意加入澳新美同盟。《澳新美安全条约》昭示了澳大利亚的意图，即在外交上澳大利亚将更依赖华盛顿而不是伦敦。澳大利亚认识到，自己并不是一个世界级军事强国。南澳大利亚州政治家 R. S. 瑞安（R. S. Ryan）对联邦议会众议院说："澳大利亚是一个二流国家，当务之急是必须明智地选择自己的朋友，并得到他们的友善对待。"

澳大利亚希望在中国与自己的大陆之间建立一个防御缓冲区。1954 年，东南亚条约组织成员共同提出并签订《东南亚集体防御条约》，进一步刺激了澳大利亚这一需求。缔约国澳大利亚、法国、新西兰、巴基斯坦、菲律宾、泰国、英国和美国组成防御同盟，企图共同遏制这一地区的社会主义国家。最初成立东南亚条约组织的起因是法国丢掉了在越南的殖民地。澳大利亚认为，共产党领导的北越通过游击战打败了南越，这将导致共产主义势力进一步征服柬埔寨、老挝和其他东南亚国家。对此，澳大利亚不打算采取中立姿态。1962年后,澳大利亚卷入越南战争,这是赢得美国人帮助必须付出的代价:一旦澳大利亚受到攻击,或其亚洲邻国受到共产党人领导的起义威胁,美国将提供安全和防务方面的援助。

澳大利亚开始卷入越南战争时只派出较小规模的部队。但是到1965年,孟席斯在澳大利亚议会宣称:

南越被占领将对澳大利亚、所有南亚及东南亚国家造成直接军事威胁。

于是,1966年3月,澳大利亚配合美国增兵的动作,将部署在越南的兵力扩大到4500人。英国并没有派军队介入战争。因此,这是澳大利亚一百多年来头一次在没有英国加入的情况下参战。1964年底,澳大利亚实施了部分征兵制,以便为参战征集足够兵源。入伍名单根据被抽中的具体出生年份和日期决定。

1966年7月,哈罗德·霍尔特总理在华盛顿会见美国总统林登·B.约翰逊(Lydon B. Johnson),使得澳美关系更为紧密。霍尔特称,澳大利亚将"永远与林登·约翰逊总统站在一起",这句话是在呼应约翰逊的竞选口号。约翰逊随后访问了澳大利亚。不过,此次访问在澳大利亚引起政治分歧,澳大利亚多座城市发生反越战抗议示威活动。另一位澳大利亚总理约翰·戈登(John Gorton)对美国总统理查德·M. 尼克松(Richard M. Nixon)的一番表白更是点燃了澳大利亚民众的反战情绪。他说,让澳大利亚"与你们跳一曲《丛林流浪》吧"。征兵制及参与越战在澳大利亚公众中一直争议不断,这与英国和美国的情况如出一辙,直到1972年美国和澳大利亚撤出越南。

澳大利亚公众对越战渐渐失去兴趣,大学生更是强烈反对越战。1970年5月,所有城市都爆发了大规模抗议示威活动。媒体报道了满目疮痍的越南,掀起舆论风暴。1972年,惠特拉姆领导的工党赢得大选上台执政,随即从战争泥潭中撤兵。惠特拉姆政府认为,人们夸大了中国所构成的威胁,遂与中国建立外交关系。东南亚条约组织逐渐沦为一个形同虚设的机构。法国和英国之前就拒绝联手澳大利亚及其他条约组织成员国出兵越南。1975年,在纽约的一场会议上,相关方决定解散该组织。两年后该组织如期解散。

澳大利亚在亚太将何去何从？

澳大利亚停止在越战中支援美军，从越南撤兵，并在此后一段时间里偃旗息鼓，不再卷入海外冲突。20世纪70年代和80年代，澳大利亚政府奉行多元文化政策，比历史上大多时候都更致力于与一众他国保持贸易和外交往来。澳大利亚尤其注重与亚洲国家建立在移民、贸易和外交方面的联系。70年代末，越南难民乘船来到澳大利亚，澳方本着人道主义精神接纳了他们。70年代和80年代，随着"白澳政策"寿终正寝，大量亚洲移民涌入澳大利亚。在1976年之后的10年里，约有10万亚洲难民进入澳大利亚。日本和中国成为澳大利亚的重要贸易伙伴，其与中国的贸易规模略小于日本。到80年代末，澳大利亚三分之二的出口产品是输往亚洲国家。1976年6月，澳大利亚政府与日本政府签订了《澳日友好合作基本条约》。这是澳大利亚与一个亚洲大国签订的第一个全面双边协议，也成为之后澳方与其他亚洲国家签订协议的范本。

1989年冷战结束，似乎昭示着世界和平新时代的到来。对澳大利亚而言，这种局势意味着与一些亚洲国家的关系有望变得轻松。不过，澳大利亚仍对那些近在咫尺、由军人掌权的国家心存忌惮，保持警惕，比如印度尼西亚。作为联合国成员国，澳大利亚参加了1990年至1991年联合国授权的第一次海湾战争，此次战争由伊拉克入侵科威特引发；还参加了1992年至1993年对索马里的干预行动。在第一次海湾战争中，澳大利亚的主要作用是在美国指挥的军事行动中提供战舰支援，一直持续到地面战斗结束，科威特获得解放。此次出兵作战，澳大利亚无人员伤亡。

从1993年到1996年，澳大利亚量力参加了联合国主导的索马里干预行动，目的是平息内乱、恢复和平。澳大利亚只派出不足1000人的一个营兵力。不过，由于澳大利亚联邦政府为介入危机设定了17周的严格时限，澳大利亚不得不在彻底恢复安全、法治与秩序之前撤出索马里。20世纪90年代，澳大利亚还参与了在柬埔寨的重大维和行动，扮演了外交斡旋的角色，试图为这个在70年代经历了波尔布特政权种族清洗之痛的国家带来和平。90年代，澳大利亚维和部队还前往卢旺达和东帝汶执行任务。

保罗·基廷担任总理期间（1991—1996），澳大利亚开始更多地参与亚洲事务。他频繁出访亚洲国家，并与韩国、中国、日本、越南和众多南太平洋国家政府建立起紧密的经济联系。在美国的支持下，基廷不断推动亚太经济合作组织（APEC）的发展。该组织成立于1989年霍克政府执政时期，宗旨是推动亚太地区在2010年至2020年这10年中实现贸易自由化。这不仅将给澳大利亚经济带来益处，还能通过与亚太邻国牢固建立友好关系，巩固澳大利亚的安全。对此，许多亚洲国家给予了积极回应，但马来西亚除外，因为马来西亚当局认为澳大利亚无法在地区事务上发挥重要作用。然而，在澳大利亚国内，基廷政府与亚洲国家的关系引发了不同的政治反响。一些自由党对手指责基廷企图使澳大利亚成为亚洲的一部分。1993年12月，基廷在一次讲话中抨击这些人对其政策的错误阐释：

澳大利亚不是，也永远不会是一个'亚洲国家'，就像我们无法，也不愿意成为一个欧洲国家，或北美国家，或非洲国家一样。我们只能是澳大利亚人，而且我们只能作为澳大利亚人与我们的朋友交往。

印度尼西亚的人口十倍于澳大利亚不止，这里是澳大利亚在20世纪末军事介入外界的主要场域。20世纪70年代中期，印尼军队入侵葡属帝汶。30多年来，澳大利亚尚能接受苏哈托总统领导的军人政权，但有一部分澳大利亚民众却不满其劣迹斑斑的人权纪录和处理国内反对意见的残忍手段。他们也批评印尼派军队镇压东帝汶。东帝汶紧邻澳大利亚北部，1998年，苏哈托倒台，一直深受压迫的东帝汶人欢欣鼓舞，要求实现政治自由和独立，结果出现了混乱的无政府状态。澳大利亚在此部署了维和部队，导致澳大利亚政府和印尼政府之间外交关系极为紧张。

不仅如此，澳大利亚拦截非法移民船只的做法加剧了双方的敌意。这些非法移民是由盘踞在印度尼西亚走私人口的罪犯运送的。在2001年8月，澳大利亚大选前夕，发生了一件引起各方关注的事：挪威籍货轮"坦帕"号救援了一艘正在下沉的船，船上载有400多名前往澳大利亚寻求避难的阿富汗难民。联邦政府不允许这些难民进入澳大利亚水域，而是将其中大部分人送往太平洋小岛瑙鲁的一个收容站，此举导致澳大利亚与挪威外交关系紧张，也引起反对这一政策和做法的人权捍卫者强烈声讨。2001年10月，情况变得更加复杂。当时一艘非法进入澳大利亚水域的船只被澳大利亚当局告知要返回印尼水域，据说有船员因此将儿童扔出船外。正值澳大利亚举行联邦选举，此事被广为报道，尽人皆知，但后来被证实是编造出来的不实之词。不过，当时澳大利亚公众深切关注边境保护措施，而且许多澳大利亚人也支持媒体对寻求庇护者的妖魔化宣传。在21世纪的头十年中，澳大利亚官方对难民都抱有深深的怀疑，将其中许多人安置在围着铁丝网的拘留中心，如位于南澳大利亚州荒漠中的伍默拉难民拘留中心。

2001年9月11日，"基地"组织袭击了纽约世贸中心，此后，澳大利亚对印尼的政策以及对非法移民的忧虑进一步升级，他们担心非法移民会把激进的思想带到地球另一端的澳大利亚。约翰·霍华德总理支持美国在阿富汗的军事行动，也支持它在伊拉克推翻萨达姆·侯赛因（Saddam Hussein）的统治，这些行动获得了英国的赞同但并未得到联合国授权。澳大利亚对阿富汗战争和伊拉克战争的贡献不大。然而，他们终归是卷入了这些冲突，这使澳大利亚有可能成为激进分子袭击的目标。2002年，这种担心成为现实中的威胁：发生在巴厘岛的恐袭爆炸案夺去了100多名澳大利亚人的性命。伊拉克战争旷日持久，联军最后撤出也极不顺利，这意味着在可见的未来，澳大利亚及其盟友都不太可能在伊斯兰世界进一步实施大规模单边军事行动。

如今，澳大利亚坚守自己的承诺，与亚太邻国保持着稳定的政治和经济关系，从而保证自身安全。近几年来，澳大利亚与印度尼西亚的关系已趋稳定。另外，印尼海空军力量薄弱，这意味着它对澳大利亚的安全并不构成威胁。澳大利亚不时担心的是那些脆弱的、濒临倒台的国家，所以密切关注周边重要国家的动态，如斐济、巴布亚新几内亚和东帝汶。未来更大的安全隐患在于亚洲国家不断崛起，美国在亚洲40年来确立的影响力受到挑战。为应对美国在亚太地区的霸权，中国、日本和印度等亚洲大国预计会相互竞争，这将迫使澳大利亚进行判断，确定这些变化是否代表更大的安全隐患。澳大利亚政府需要决定是否增加国防开支，尤其是在海军和空军方面，以确保在或许将要到来的亚洲世纪保住中等国家的地位。

第五章

体育与文化

澳大利亚的气候得天独厚，适宜大众从事和享受各种户外休闲活动，不管是冲浪和沙滩文化还是体育运动。不仅如此，澳大利亚还有源远流长的艺术传统，在美术、文学、音乐等方面成绩斐然。到20世纪初，澳大利亚已经在几项体育运动方面表现突出。澳大利亚人把健身当作头等大事，源源不断地培养出一代又一代体育人才，顺利完成新老更替。澳大利亚大陆四周有长达3万公里的海岸线，大部分澳大利亚人居住在距离海岸不远的地方，因此被称为"世界上最喜爱沙滩消遣的民族"。澳大利亚几乎所有海滩都免费向公众开放，这里常常是举行家庭和社交聚会及庆祝活动的热门地点。举例来说，每个圣诞节总会有约4万人涌向悉尼邦迪海滩，这已经司空见惯了。1907

年，邦迪海滩冲浪救生员俱乐部成立，从此，冲浪救生员成为澳大利亚的一个符号。澳大利亚摄影师马克斯·迪潘（Max Dupain）拍摄于20世纪30年代末的照片《日光浴者》和《邦迪海滩》，就是澳大利亚海滩的著名写照。截至2007年年底，澳大利亚共有3.7万余名冲浪救生员、13万名志愿者。不过，就像其他许多西方国家一样，如今澳大利亚的肥胖人数涨幅惊人，对体育运动的重视受到挑战。根据2007年世界卫生组织的数据，澳大利亚的成人肥胖率在英语国家中高居第三（仅次于美国和新西兰）。

比起体育上的斐然成绩，澳大利亚在艺术方面进步较慢。多年来，人们一直认为澳大利亚的艺术氛围过于依赖欧洲，过于蹈袭旧世界首创的艺术形式，不够新鲜刺激，难以激发人才的涌现，也难以留住人才。早在19世纪90年代，亨利·劳森就已感叹，很难见到澳大利亚作家创作出真正具有澳大利亚特色的、令人称道的南半球艺术精品。此后几十年，这种情况依旧没有多大改观。1947年，来自团体"愤怒的企鹅"的艺术家艾伯特·塔克（Albert Tucker）从墨尔本启程，开始了首次海外之旅。他声称："我是逃离澳大利亚文化的难民。"在他发表这番言论之时,许多评论员都认为,这个南半球国度的艺术创作只能归为二流,并且不是澳大利亚人所独创,而是蹈袭其他艺术形式。1950年,文学批评家A. A. 菲利普斯(A. A. Phillips)造了一个新词"文化畏缩",即一种内化了的自卑情结——澳大利亚人认为本民族的文化低人一等,比不上那些国际大都市。不过,如今这种自我批判情结已不复存在,取而代之的是以澳大利亚文化成就为傲的悠久传统。

大众休闲

人们常认为澳大利亚人性情随和,他们大多把休闲活动当作生活中的重要内容。这种生活追求部分源自适合从事户外活动的宜人气候,同时也得益于八小时工作制带给人们充足的闲暇时光。在早期白人移民阶段,澳大利亚的娱乐消遣以源于英国的活动为主:圣诞节、复活节、各种圣人纪念日;守护神节日和集市;还有众多体育活动,如板球、足球、赛马、斗鸡和拳击。这些娱乐活动都是英国工业革命之前主要的大众文化形式,随移民漂洋过海来到澳大利亚各殖民地。集体项目最初非常小众，但后来成为澳大利亚社交活动的重要内容。19世纪初，悉尼和霍巴特断断续续举行过赛马会，但到了19世纪30年代和40年代，这项运动在澳大利亚所有殖民地都深深扎下了根。1842年，澳大利亚赛马俱乐部作为永久性机构成立。各种源于英国的休闲活动往往能够吸引社会各阶层，其中有钱人会为较低阶层的观众或参与者出资。但与19世纪的英国一样，上流社会与普通民众的休闲爱好之间出现了巨大鸿沟，前者不再资助这些娱乐活动。斗鸡和拳击等体育活动经常演变为醉酒和闹事，遭到基督教福音派以及体面的专业人士诟病，到19世纪50年代，这些娱乐消遣在各殖民地日渐衰落。

从淘金热结束到第一次世界大战，澳大利亚人的休闲方式被多方塑造：英国和爱尔兰传统持续融入；一些美国潮流涌现，影响大众文化；城市化发展；周六放半天假，普通劳工的闲暇时间增加。这一时期，集体娱乐活动占比更大，澳大利亚城市居民经常可以欣赏到各种戏剧、情节剧、歌舞、杂耍、童话剧、滑稽说唱（由白人扮演黑人）、马戏及音乐喜剧等。城市中心纷纷修建起大型剧院，以满足公众的文化需求。J. C. 威廉森（J. C. Williamson）集团、哈里·里卡兹（Harry Rickards）、富勒（Fuller）家族等活动主办者不断宣传推广这些演出场所，聘请艺人前来献艺，并在每个城市设立剧院代理。这些场所的票价相对低廉，劳工阶层也能看得起演出。

殖民地时期风靡澳大利亚的音乐喜剧源于英国，最著名的当属吉尔伯特（Gilbert）和沙利文（Sullivan）创作的轻歌剧，如《日本天皇》和《皇家卫兵》。这些剧作深受澳大利亚各个阶层的喜爱，直到今天仍为广大观众津津乐道。澳大利亚许多情节剧也源于英国，它是1870年到1914年间最喜闻乐见的戏剧形式。这些剧目刻画的角色通常黑白分明、缺乏深度，观众为剧中的好人鼓掌喝彩，对坏蛋发出嘘声。爱尔兰剧作家戴恩·鲍西考尔特（Dion Boucicault）刻意制造冲突的情节剧颇受澳大利亚殖民地舞台追捧，上演次数超过了莎士比亚（Shakespeare）的戏剧。

19世纪晚些年，美国开始对澳大利亚大众休闲文化产生影响。在歌舞杂耍表演上，短小节目轮番上演。在滑稽说唱演出中，白人演员将脸"涂黑"，唱起美国黑人民谣。这些在美国大获成功的艺术形式随之被引入澳大利亚。到19世纪80年代，旧金山与悉尼之间开通了定期班轮，来自美国西海岸的巡回表演者可以远渡重洋来到澳大利亚，推广他们的滑稽说唱演出和歌舞杂耍节目。

一战后不久，电影迅速取代了歌舞杂耍和滑稽说唱。即便是在默片时代，电影也很快赢得大众喜爱：1921年，新南威尔士州的观影人数超过观看所有其他形式戏剧的人数总和。一战爆发前一两年，澳大利亚各大城市就已经建起大型电影院，战后迅速为民众提供了电影带来的休闲娱乐。城市中心和郊区都建起新电影院，有些影院装饰精美华丽，例如墨尔本的州立电影院有着高耸的尖塔和彩色穹顶。到1928年，澳大利亚已经拥有1250座电影院，每年观影人数达到1.1亿人次。

在电影产业发展初期，澳大利亚曾引领过潮流。事实上，1906年上映的《凯利帮的故事》就被誉为世界上首部故事长片。1919年的默片《伤感的家伙》颇受澳大利亚观众青睐。20世纪30年代，澳大利亚拍摄了65部故事片，而且往往是根据广为人知的澳大利亚历史题材所拍摄，如《占地农的女儿》（1933）。虽然那些基于历史事件和家庭关系创作的澳大利亚电影仍有市场,但随着1918年好莱坞在澳大利亚设立机构,电影院里开始放映越来越多的美国电影。电影院四分之三以上的电影都产自美国,这种情况甚至一直延续到了二战时期。事实上,澳大利亚引进的美国电影数量超过其他任何国家。

电影一直受到人们青睐,因为电影票价比起真人表演的戏剧更低廉,技术更新潮,城市劳工群体也可进影院消费。好莱坞大片在澳大利亚广受喜爱,如《宾虚》(1959)。澳大利亚第一部彩色电影是《吉达》(1955),由原住民演员主演。20世纪60年代,最火爆的澳大利亚电影之一当属《登陆蛮荒岛》(1966)。该片由英国导演迈克尔·鲍威尔(Michael Powell)执导,由意大利影星沃尔特·基亚里(Walter Chiari)主演,讲述了一个初来乍到的意大利人,也就是二战后移民澳大利亚的"新人",在此地扎根落户的故事。

20世纪20年代初,无线电广播出现,新技术让人们享受到更多的休闲活动。澳大利亚建立了广播电台双轨制,即A类电台和B类电台。A类电台主要播送纪录片、古典音乐以及较为高雅的文化节目;B类电台则主要播送流行音乐和竞猜节目等更加通俗的内容。A 类电台由澳大利亚广播委员会管理，该机构于 1932 年效仿英国广播公司建立，属于政府事业单位。B 类电台则完全依靠广告收入来维持运营。电台广播起步于 20 年代，起初发展并不迅速，节目播送音质通常较差。不过到了 30 年代，澳大利亚大多数家庭都有了收音机，全家人围坐在收音机旁收听广播渐成习惯。到 1942 年，澳大利亚已经有 120 多万无线电广播持证用户。广播节目包括新闻、体育、广播连续剧和音乐。到 20 世纪 50 年代，电台还增加了竞猜节目、儿童节目以及流行音乐排行榜。

电视在澳大利亚的出现要比英国和美国晚得多。1956 年，澳大利亚首次播放黑白电视节目，彩色电视则要到 1975 年才问世。澳大利亚部分照搬了英国国营广播公司的模式，由政府建立的澳大利亚广播委员会成为放送的主要网络。20 世纪 60 年代之前，澳大利亚广播委员会的许多广电节目均由英国侨民主持，也会有澳大利亚主持人做作地模仿英国中上层阶级的口音。澳大利亚从电视节目兴起伊始就有商业频道，节目涵盖新闻、时事、竞猜、体育及流行音乐。如今，澳大利亚有三个主要商业频道，即九频道、七频道和十频道。近些年来，付费电视日渐盛行。到 2005 年，四分之一以上的澳大利亚家庭都能收看付费频道。电视作为新媒体一经出现，立刻受到澳大利亚人的追捧。电影院上座率受到很大冲击。仅在维多利亚州，观影人次就从 1956/1957 年的 3400 万下降到 1960/1961 年的 1600 万。

最初，澳大利亚电视会播出本土内容，但后来好莱坞影片和跟风美国的流行节目大行其道。到 1959 年，美国流行文化对澳大利亚电视的影响还体现在两档摇滚音乐节目上。不过，从 20 世纪 60 年代末开始，情况出现了变化，越来越多的澳大利亚本土节目受到观众青睐，其中包括警察剧；剧情剧，如《沙利文一家》和《乡村医生》；以及时事简报节目，如《六十分钟》和《晚间新闻》。到 20 世纪 70 年代末又出现了迷你剧。根据内维尔·舒特（Nevil Shute）的畅销小说改编的电视连续剧《爱丽丝城》在全球播出，成为澳大利亚热播连续剧走向海外的范例。到 80 年代末，《左邻右舍》和《聚散离合》等肥皂剧也作为澳大利亚流行文化品牌成功打入国际市场。

1970 年，为促进澳大利亚电影产业的发展，联邦政府成立了电影发展公司，为澳大利亚本土制作的电影和电视节目提供资助。时代片成为这项发展计划的内容之一。部分作品广受海外观众喜爱，其中包括悬疑片《悬崖上的野餐》(1975)，该片虚构了一起1900年在维多利亚州三名女学生及老师失踪的案件；以及具有民族主义色彩的电影《驯马手莫兰特》(1980)，该片抨击了1899年至1902年南非布尔战争中英国军队与澳大利亚军队之间的阶级差别。1981年上映的《加利波利》刻画了一战期间澳大利亚新兵在土耳其惨遭战败，由此褪去青涩纯真、增强民族认同感的经历。1982年上映的《冰雪河来客》在国内大受欢迎，在海外却反响平平。影片集中勾勒了吃苦耐劳的丛林壮汉形象，展示了澳大利亚的内陆风光。1986年的《鳄鱼邓迪》在海外非常叫座，它的魅力在于对高大粗犷、爱说俏皮话的澳大利亚男主角进行了幽默的刻板描绘。尽管澳大利亚电影产业不断推出高质量电影，但还是有越来越多的一流演员向往太平洋彼岸的好莱坞，纷纷离开澳大利亚，去美国追逐名利前程。

体育传统

澳大利亚拥有引以为傲的体育传统，开展众多体育项目，包括游泳、赛马、高尔夫球、网球，以及很多集体项目。澳大利亚人以敢于拼搏、力争夺冠而著称，在体育赛事中摘金夺银往往被视为国家的成就。澳大利亚的优秀男女运动员早已在国际上扬名，也通过奥运会和英联邦运动会向世人展现了澳大利亚人擅长体育的天赋。澳大利亚曾成功主办过两届奥运会，分别为1956年的墨尔本奥运会和2000年的悉尼奥运会。在墨尔本奥运会上，游泳运动员道恩·弗雷泽（Dawn Fraser）创下新的女子100米自由游世界纪录。她参加了多届奥运会，共夺得四金四银。在大型运动会上，澳大利亚经常跻身奖牌榜前五名。

澳大利亚许多热门集体项目都源于从英国引进的运动，比如橄榄球和板球。联合式橄榄球和联盟式橄榄球在新南威尔士州、昆士兰州和首都地区拥趸众多，而板球则风靡整个澳大利亚。足球在英国受大众喜爱的程度超过上述两种橄榄球，但在澳大利亚却发展较慢。自二战结束后，除了在新技术应用、体育赛事营销和广告方面有所拓展外，美国对澳大利亚体育的影响相对较小，虽然美国体育文化中的两项标志性运动——棒球和篮球——受到澳大利亚民众的喜爱。不过，棒球的热度如今已经下降。总体而言，澳大利亚体育一直保留着源自英国和爱尔兰的印记。

就像在英国一样，联合式橄榄球与联盟式橄榄球在澳大利亚大体上吸引着不同的运动员和球迷群体。一般来说，联合式橄榄球的运动员群体比联盟式橄榄球参赛者有着更多样化的社会背景。联合式橄榄球运动员往往是接受过私立学校教育的青年男子，因而此项运动更绅士化；而联盟式橄榄球参赛者大都来自紧密团结的劳工群体，与其起源地英国北部工业城市正相契合。两种橄榄球还有其他不同之处：联合式比赛为15人制，而联盟式比赛为13人；联合式比赛有界外争球，在后场可以把球踢出边线，而联盟式比赛没有这两项规则；联合式橄榄球允许密集争球和围挤争球，而联盟式橄榄球在必须传球之前有六次擒抱规则。一直以来，联合式橄榄球基本上属于业余比赛，而联盟式橄榄球从1907年至1908年起就一直是职业比赛。

澳大利亚的联合式橄榄球最初于19世纪60年代在悉尼地区发展壮大。1874年，悉尼市区及周边地区的橄榄球俱乐部组织起来，成立了南部橄榄球联合会。除参加国际赛事之外，联合式橄榄球吸引的观众并不多。在澳大利亚，作为业余赛事的联合式橄榄球直到20世纪90年代才转为职业比赛。从此之后，球员不再需要打球的同时依靠兼职维持生计，而是可以参加职业联赛。如今，与南非、新西兰、法国、英格兰、威尔士、苏格兰和爱尔兰等强敌对阵的重大国际赛事能为联合式橄榄球比赛吸引到大批观众、广告商和电视转播公司。1991年，澳大利亚赢得四年一度的橄榄球世界杯，并于2003年主办了该赛事，但最后在决赛中惜败于英格兰队。

到第一次世界大战爆发时，联盟式橄榄球已经在挨着市中心的劳工阶层居民区稳稳扎根，并在两次世界大战之间取得了长足发展，吸引了大量观众前来观看澳大利亚与英国的国际比赛。20世纪50年代，联盟式橄榄球获得的支持减少，一度陷入低迷，但随着1961年电视开始转播俱乐部比赛，以及从1967年起，电视开始直播年度总决赛，公众对此项运动的热情又重新点燃，联盟式橄榄球获得了更多支持者。1983年，联盟式橄榄球从新南威尔士州和昆士兰州的大本营向外扩展，成为全国性赛事，五个澳大利亚主要城市均成立了俱乐部。来自堪培拉、墨尔本、北昆士兰等地的地区性俱乐部加入了联盟。近几十年来，联盟式橄榄球不断提升吸引力，得到了白领阶层的支持，许多女性也走进了这个一度类似酒吧的男性专属领地。

澳式橄榄球是最具澳大利亚特色、深受大众喜爱的球类运动。最早的比赛是19世纪50年代在墨尔本两所私立学校之间进行的。当时所用的球各式各样，规则五花八门，比赛时间长短不一。到19世纪60年代，此项运动已在维多利亚、南澳大利亚、昆士兰和塔斯马尼亚开展，并很快传到西澳大利亚。维多利亚澳式橄榄球协会，以及后来于1896年分出去的维多利亚澳式橄榄球联盟对比赛形式和规则进行了修改完善。1911年，这项最初的业余球赛成为法律承认的职业赛事。"澳式橄榄球"在墨尔本及周边郊区一直有着大量拥趸，如今仍然是一大观赏性运动。20世纪60年代之前，参加比赛的球员普遍是兼职球员。从70年代开始，这项运动完全职业化，来自电视转播权和企业赞助的收入超过门票收入。从这个意义上讲，澳式橄榄球与澳大利亚其他球类运动的职业化和商业化发展轨迹是差不多的。

澳式橄榄球（俗称"澳足"）比赛紧张刺激，来自卡尔顿、霍索恩、科灵伍德、圣基尔达等墨尔本郊区的球队经常举行比赛。阿瑟·斯特里顿（Arthur Streeton）的油画《全国比赛》(1889)描绘的正是其中一场比赛，反映出该运动的广泛魅力。比赛时观众云集，动辄数千人。即使是在两次世界大战之间的大萧条时期，每个赛季末的总决赛都会吸引10万以上的观众。随着这项赛事于20世纪80年代完全职业化，它也逐渐网罗了州际俱乐部。1982年，南墨尔本俱乐部将主场搬到悉尼板球场，更名为悉尼天鹅队。近年来，西海岸鹰队（来自珀斯）、阿德莱德队、布里斯班熊队（后成为狮队）都会参加年度联赛。此项赛事目前由澳大利亚澳式橄榄球联盟负责管理。与之前所说的两种澳大利亚橄榄球不同，澳式橄榄球并不是在长方形场地上进行，而是在一个椭圆形球场上进行，比赛为18人制。

澳大利亚已知的首次板球赛于1803年在悉尼举行。到19世纪30年代，这项运动开始大受欢迎，而且与英格兰不同，这里的中产阶级经常对阵劳工阶层球队。第一场殖民地之间的比赛在新南威尔士与维多利亚之间进行[1]，南澳大利亚和昆士兰随后也加入了比赛。二战后，西澳大利亚州和塔斯马尼亚州也组建了自己的队伍。如今，主要的国内赛事为创立于1892/1893年的谢菲尔德盾牌赛，由六个州各自组队参加。至于国家队层面，从19世纪70年代起，澳大利亚就拥有一支对抗赛队伍。每年该队都会参加国际对抗赛。赛事一般持续五天，对手来自英格兰及英联邦国家和地区，如新西兰、南非、印度、巴基斯坦，以及西印度群岛等，比赛紧张激烈。英格兰队与澳大利亚队之间的对抗赛通常每三到四年举行一次，在两队主场轮流进行，这是板球迷翘首以待的大事，届时总会有大量媒体报道宣传。英格兰队与澳大利亚队争夺的是"灰烬杯"，杯中盛放着1882年对抗赛三柱门上横木的灰烬。

澳大利亚许多板球运动员功成名就，其中最著名的莫过于20世纪30年代和40年代的唐纳德·布拉德曼爵

---

[1] 疑为作者之误。最早的殖民地之间的比赛于1851年在维多利亚与范迪门地（即后来的塔斯马尼亚）之间进行。与新南威尔士的比赛则在1855年。

士（Sir Donald Bradman），这位击球手在职业生涯中创下的纪录让人望尘莫及。在过去30年里，板球越来越商业化，已经多多少少脱离了最初的绅士风范。赛程缩短至单日的比赛吸引了大批观众。在30年代初，板球的名声受

图8. 墨尔本板球场

到过质疑，因为1932—1933赛季，英格兰队客场作战澳大利亚，在对抗赛中发生了"快速触身球战术"事件。英格兰队快投手哈罗德·拉伍德（Harold Larwood）投出的球又短又快，球触地后急速反弹，砸中击球手，根本无法击打。此事演变为一起国际事件。澳大利亚队队长比尔·伍德富尔（Bill Woodfull）向英格兰队教练佩勒姆·沃纳（Pelham Warner）吐槽道："我一点都不想见到你，沃纳先生，咱们两个队，一个想好好打球，另一个完全没有这样的打算。"20世纪70年代末又出现了另一种争议，同样成为报纸头条，那就是澳大利亚企业家克里·帕克（Kerry Packer）极力促成单日赛和四日赛，吸引接纳板球运动商业化的广大电视观众观看比赛。

赛马在澳大利亚有悠久的历史，且一般都与赌博关联。墨尔本杯是澳大利亚最负盛名的纯种马比赛。从1861年起，这项赛事于每年11月第一个周二举行，地点是弗莱明顿赛马场。每逢赛事，举国为之屏息。大部分澳大利亚人都会观看比赛，而且比赛也会通过电视播送。生活在墨尔本大都市区的人可以享受一天公共假日，专门观看比赛。最著名的冠军马匹是1930年的新西兰纯种马"快如闪电"。因为之前曾有人试图射杀它，这匹马在开赛之前不得不被藏起来，直到开赛前一小时才亮相。1931年，第一台自动赌金计算器在墨尔本杯日投入使用。如今，墨尔本杯的奖金已高达600万澳元。

在澳大利亚，大多数热门体育活动都带有赌博性质，有合法的，也有非法的。体育博彩在19世纪20年代前就有，主要涉及赛马，不过，板球和拳击也有人下赌注。在悉尼，到19世纪30年代，逢赛必赌已经成为一种体育亚文化。所谓的"体育迷"和"体育圈"群体靠赌钱为生。1857年，悉尼的赛马场上首次出现了"赌注登记经纪人"。到19世纪末，体育专刊出现，和报纸广告、"预测"指南共同影响赌民下注。到20世纪20年代和30年代，赌金计算器在新南威尔士州和维多利亚州已经很普遍了。在那几十年中，电台广告以及拥有营业执照的投注站都助推了博彩业的发展。博彩带动的体育商业化引起了争议，反对者包括主张禁酒的团体、不信奉英国国教的新教徒，以及女性活动家。他们认为赌博是一种社会恶习，导致劳工阶层赌徒酗酒闹事、消极懒散和暴力行事。但是，博彩业带来的税收收入也是州政府重要的财政来源。今天，博彩管理局的代理商遍及澳大利亚各个角落，大多数酒店和酒吧都设有这些代理商的赌博机。

美术

在欧洲人来到澳大利亚之前，原住民在洞壁上或树皮上作画已经有数千年历史。如今在北领地区的阿纳姆地还能看到这些古老的艺术作品。原住民绘画大量使用祖辈传下来的，象征水塘、彩虹、火、烟的构图和符号，常常诉说有关人与土地的联结，以及土地神圣力量的神奇传说。这些绘画通常描绘被欧洲人称为"幻梦"的神话故事，故事延续至今，以世代相传的记忆为依据，谈论的是世界起源、人类与自然界及精神世界的关系。原住民绘画中经常出现的彩虹蛇代表一位重要的创造者，他守护着圣地。对外行人来说，要想解读这些符号的含义绝非易事。中西部沙漠地区的当代绘画大量使用"点"画法，这在帕普尼亚原住民定居点的绘画中尤为突出，因为他们想将原住民习俗中神圣的东西隐藏起来，不让外人看到。原住民绘画的发展得益于州政府资助的合作画室。澳大利亚原住民获得公民权后不久，这些画室便开始涌现出来。如今，这种绘画作品深受游客喜爱。它们在澳大利亚各处展出，也广获国际赞誉。不过，这些绘画作品带有政治色彩，这一点可以从克里斯托弗·皮斯（Christopher Pease）的《狩猎队》（2003）中看到。作品表现了欧洲探险者盛气凌人的姿态，他们毫不尊重原住民的精神信仰，即西澳大利亚乔治王湾尼昂加尔原住民与当地湿地河流的关系。

最早的澳大利亚非原住民画家都是随库克船长和弗兰德斯的探险之旅到来的，其中悉尼·帕金森（Sydney Parkinson）于1770年乘坐了"奋进"号，费迪南德·鲍尔（Ferdinand Bauer）则于1802年至1803年乘坐了"调查者"号，两人都以写实的手法描绘了澳大利亚的动植物。殖民地时期的澳大利亚画家一般都是在欧洲接受的绘画训练，此时描绘的却是澳大利亚的山山水水、原住民、花鸟鱼虫。这一时期最著名的画家当属约瑟夫·莱西特（Joseph Lycett），他曾是一名被流放到澳大利亚的囚犯。他创作的《澳大利亚风景》系列（1825）是淘金热之前，新南威尔士和范迪门地地区规模最大、技艺最高的蚀刻凹版画和蚀刻版画。莱西特严格遵守田园画的传统，将想象与现实融为一体，把澳大利亚描绘成一派田野与花园的景象,从而部分迎合当时英国美术市场对澳大利亚的期许。原住民族群也是莱西特绘画的重要主题。此外,描绘原住民的画家还有英国移民约翰·格洛弗(John Glover)。不过,他于1834年左右创作的《从袋鼠角眺望威灵顿山和霍巴特城》却把范迪门地的景色描绘成仿佛英格兰湖区的风光。奥地利移民尤金·冯·盖拉尔(Eugene von Guérard)的《丹德农岭的蕨树河谷》(1857)是最能准确展示澳大利亚丛林的作品之一,这幅描绘了高大灰暗的蕨树的画作是如此受欢迎,以至画里的地点成为人们周末郊游的野餐场所。虽然这幅画创作于墨尔本的画室里,并不是户外写生(en plein air)完成的,但也丝毫不影响人们纷至沓来的热情。

19世纪80年代和90年代出现了澳大利亚本土特色更加鲜明的一个画派,其风格体现在汤姆·罗伯茨(Tom Roberts)、查尔斯·康德(Charles Conder)、弗雷德里克·麦卡宾(Frederick McCubbin)以及阿瑟·斯特里顿的作品中。这些画家受到欧洲印象派的影响;而且,1888年正是白人定居澳大利亚百年,他们的自豪之情也影响了画风。他们渴望形成一种"我们所认为的伟大的澳大利亚绘画流派",专注于描绘展现澳大利亚风光和澳大利亚人物特色的日常生活场景。从这个意义上讲,他们刻画的人物多少带有一些虚构色彩。罗伯茨的《剪羊毛》(1890)就是一个好例子。在这幅大型油画中,体格健壮、充满阳刚之气的工人正在澳大利亚的代表性岗位上辛苦劳作。罗伯茨希望传达一种"傍晚丛林"的感觉,"让人感受到美好的田园生活与劳作的乐趣与魅力……澳大利亚的阳光照进来,给一切染上温暖的光泽"。

图9.《剪羊毛》(1890),汤姆·罗伯茨绘

麦卡宾的作品常常集中刻画定居澳大利亚殖民地的典型人物。在《开拓者》(1904)中,他描绘了一个自由

选地农与妻子在丛林中的三个生活阶段——初来乍到、安稳定居、归于坟墓。斯特里顿的油画则展示了阳光炙烤下澳大利亚的明朗夏日和蓝天，但重点放在孤独的拓荒者在丛林中的开垦成就。在《自由选地农的小屋》（1890）中，人物形单影只，骑坐在一根圆木上，身后是一座简陋的小屋和一棵孤立高耸的桉树，远处背景则是炎炎烈日和干旱的土地。这幅画是该风格的经典范例。

20世纪的画家采用了不同的手法来描绘景物。乔治·兰伯特（George Lambert）的《占地农的女儿》（1923—1924）展现了悠闲和谐的丛林风景：画中一个衣着考究的女子停下马来欣赏周边景色。玛格丽特·普雷斯顿（Margaret Preston）的《飞跃肖尔黑文河》（1942）则展现了一种完全不同的澳大利亚风光。她采用了云端视角，用褐色、白色和土黄色表现单调乏味的风景，使用的点画法不禁让人想起原住民的树皮画。这是首批运用原住民绘画技巧的白人艺术家作品之一。拉塞尔·德赖斯代尔（Russell Drysdale）的画作《牲畜贩子的妻子》（1945）等继续刻画了典型的澳大利亚丛林人物，却传达出大自然永恒力量的神秘感。悉尼·诺兰（Sidney Nolan）取材于丛林大盗内德·凯利生平的系列油画完成于 1946 年至 1947 年，生动塑造了一个驰骋丛林、反抗权贵的大无畏澳大利亚偶像人物。

文学

明显具有澳大利亚特色的文学最早出现在 19 世纪末，代表作为亨利·劳森和班卓·佩特森的诗歌。劳森把丛林描述成艰苦、荒凉、孤独的地方，而佩特森却比较乐观，将内陆地区的景色描绘成"灿烂阳光照耀下壮观辽阔的平原"。佩特森的《溢口地的克兰西》讲的是一位昆士兰的牲畜贩子的故事，而《冰雪河来客》讲述了骑手驭马追踪一匹获奖赛马的小马驹的故事，这两首诗都是描写边境地区丛林人的经典作品。佩特森还是澳大利亚非官方国歌《丛林流浪》的作词者。这首民谣旋律轻快流畅，但歌词讲述的故事却令人唏嘘：一个流浪汉偷走一只羊，在畜牧工人和骑警的追逐下不肯束手就擒，最终跳进死水潭（一个小牛轭湖）结束了生命。劳森以嘲弄的口吻表达了对丛林及其艰苦生活的悲观情绪，这从他的诗歌《来自乡村》

《城市丛林人》《自由在望》，以及收录在《当水罐里的水沸腾时》（1896）中的个别散文故事里可以窥见一斑。

第二代澳大利亚作家同样使用澳大利亚特有题材创作诗歌和散文。迈尔斯·富兰克林（Miles Franklin）的小说《我的光辉生涯》（1901）充满讽刺意味，讲的是新南威尔士乡村百姓希望破灭的悲伤故事。亨利·汉德尔·理查森（Henry Handel Richardson）的《理查德·马奥尼的命运》原本是三部独立的小说，到1930年集结为三部曲出版，故事取材于她父亲在维多利亚当医生的经历。C. J. 丹尼斯（C. J. Dennis）的诗歌广受欢迎，展示了澳大利亚对第一次世界大战的贡献。其代表作《金杰·米克的心情》（1916）讲述了金杰在战场上勇敢无畏，后在加利波利战役中阵亡的故事。该作品是其诗体小说《伤感的家伙之歌》（1915）的续篇。这两部诗歌使用了大量澳大利亚俚语。伊恩·伊德里斯（Ion Idriess）的作品常以澳大利亚历史上开拓者的经历为背景，多姿多彩，十分畅销。这些作品包括《拉塞特的最后一程》（1931）、《沙漠纵队》（1932），以及《翻过群山》（1937）。这几部作品分别讲述了澳大利亚内陆的淘金热，加利波利战役中的澳大利亚轻骑兵，以及金伯利地区的原住民的故事。在挖掘原住民的生活方面，澳大利亚诗人可谓反应迟钝，直到二战后诗人朱迪丝·赖特（Judith Wright）开始以原住民为题材创作诗歌。

一些澳大利亚作家移居国外。他们的创作往往结合了对新环境（通常是英国）的喜爱和隐隐约约的澳大利亚元素。马丁·博伊德（Martin Boyd）在1952年后的10年间创作的小说"兰顿"四部曲就属于这一类别。更近些年移居海外的澳大利亚作家还包括才华横溢的诗人，如彼得·波特（Peter Porter）；引发争议的女性主义作家，如杰曼·格里尔（Germaine Greer）；特立独行的新闻记者和电视评论员，如克莱夫·詹姆斯（Clive James）；以及艺术批评家，如罗伯特·休斯（Robert Hughes）。这些作家没有一个纯粹地从澳大利亚视角出发进行创作，但他们经常将自身的澳大利亚特性展现在其文学身份和智识身份中。

1939年，诗人A. D. 霍普（A. D. Hope）的《澳大利亚》标志着澳大利亚文学与昔日传统决裂。这部作品挑战了人们习以为常的观点，即与丰富多彩的欧洲文化相比，澳大利亚如同一块文化沙漠。霍普指出，澳大利亚能够用自己的方式创造出内涵丰富的文化，"毕竟先知也来自沙漠地带"。1945 年之后，澳大利亚出现了享有国际声誉的作家，他们凭借充满想象力的作品赢得应有的赞誉。托马斯·基尼利（Thomas Keneally）将有关澳大利亚历史题材的作品与探索普遍道德的小说结合起来。他根据犹太人大屠杀回忆创作的《辛德勒方舟》（1982）或许是其最著名的作品。彼得·凯里（Peter Carey）的小说在全世界都能找到读者。其聚焦澳大利亚的作品包括《凯利帮的真实故事》（2001），小说描绘了维多利亚丛林大盗的惨烈一生，并因此获得 2001 年布克奖。澳大利亚小说家中声誉最高的当属已故的杰出作家帕特里克·怀特（Patrick White），他探索着人们的内心世界与外部事件。他创作完成了 12 部小说，其中包括《探险家沃斯》（1957）和《风暴眼》（1973）。1973 年，怀特荣获诺贝尔文学奖。

音乐

音乐在澳大利亚殖民地时期随处可闻。第一舰队带来了各种乐器，早期的新南威尔士军团也有自己的军乐队。在丛林地区，人们传唱着各种民谣，内容无非是囚犯、丛林大盗和牲畜贩子的生活。从19世纪30年代起，合唱成为大城市的主流音乐形式。合唱队（Liedertafel）往往由德裔移民群体组成，他们散居在阿德莱德、布里斯班、悉尼和墨尔本。到19世纪中期，大多数澳大利亚中产阶级家庭都有一架钢琴。歌剧团到大城市巡演司空见惯，其中许多都有欧洲歌唱家，推手是欧洲歌剧团经理。19世纪60年代之后，各殖民地首府城市都组建了业余管弦乐团。一些有名望的歌手涌现出来，如女高音歌唱家内莉·梅尔巴（Nellie Melba）和低男中音歌唱家彼得·道森（Peter Dawson），他们经常在欧洲主要音乐场所演出，但同时与澳大利亚保持联系。墨尔本于1880年至1881年以及1888年，霍巴特于1894年至1895年分别举办了大型国际性表演，期间汇集了专业管弦乐团及合唱团，座无虚席，提高了大众对音乐的欣赏力。19世纪90年代，G. W. L. 马歇尔-霍尔（G. W. L. Marshall-Hall）和赫尔曼·海尼克（Hermann Heinicke）分别在墨尔本和阿德莱德创立管弦乐团，后来一战期间亨利·费布吕亨（Henri Verbrugghen）在悉尼也建立了管弦乐团，这说明澳大利亚已经具备了创作高水平管弦乐的潜力。

不过，澳大利亚音乐专业化却姗姗来迟。之所以未能快速发展，原因之一是缺乏来自个人、州政府和联邦政府对音乐的资助。此外，还得培养澳大利亚民众对高雅音乐的需求。澳大利亚广播委员会建立于1932年，播放严肃音乐和轻音乐，并资助舞曲乐队及广播电台管弦乐团，是一个专门培养民众对高雅音乐的需求并维系这种需求的重要政府机构。二战后，电台乐团迅速发展壮大，升级成为羽翼丰满的交响乐团。在1945年至1951年间，通过与澳大利亚广播委员会、市政府及州政府建立伙伴关系，各地先后建立了交响乐团，如悉尼交响乐团、维多利亚交响乐团（今天的墨尔本交响乐团）、南澳大利亚交响乐团（今天的阿德莱德交响乐团）、塔斯马尼亚交响乐团、昆士兰交响乐团，以及西澳大利亚交响乐团。这些交响乐团存续至今，成为各城市及所在州的重要文化大使。每年，他们都要为成千上万的澳大利亚观众及国外游客上演各种古典音乐曲目，并穿插演奏爵士乐、摇摆乐，以及"跨界音乐"。

近些年来，一支小型专业乐团——澳大利亚室内乐团——为澳大利亚文化界注入活力。该乐团演出曲目多样，兼容规范的古典音乐作品、室内交响乐改编作品，以及新委约作品。澳大利亚室内乐团经常在澳大利亚国内外巡回演出。自20世纪40年代起，澳大利亚的"音乐万岁"活动就开始资助弦乐四重奏音乐会和其他室内音乐演出团体，助推了室内音乐的发展。如今，设立在新南威尔士大学内的澳大利亚乐团，以及南十字星独奏者乐团等仍延续着这一传统。

澳大利亚的歌剧发展更为缓慢。19世纪末，澳大利亚各大城市上演的是比才（Bizet）和威尔第（Verdi）深受大众喜爱的歌剧。一战前夕，W. S. 利斯特（W. S. Lyster）的公司在悉尼推出了第一版由澳大利亚出品的瓦格纳（Wagner）歌剧《尼伯龙根的指环》。内莉·梅尔巴女爵士是蜚声国际的澳大利亚歌剧演员，她对澳大利亚的音乐发展贡献巨大；在她演唱生涯的晚期，同样出名的是她举办了一场又一场告别演唱会，似乎永不落幕。然而，歌剧演出成本高昂，加之训练有素的演唱者和演奏者寥寥无几，且缺乏赞助商的支持，因此直到二战时期，这在澳大利亚只是一项偶尔为之的活动。不过，随着伊丽莎白戏剧信托基金的创立，这一状况大为改观，自20世纪50年代中期以后，固定的歌剧演出增加不少。该机构获得联邦资金的支持，是澳大利亚女高音歌唱家琼·萨瑟兰（Joan Sutherland）开启享誉全球的演艺生涯的重要助力。萨瑟兰歌声曼妙，音域宽广，音准无双，人称"令人惊叹的歌唱家"。不过，直到1973年悉尼歌剧院首次开门迎客，澳大利亚歌剧才真正成熟起来。悉尼歌剧院坐落在悉尼便利朗角，紧邻环形码头，全世界的人一眼便可认出这个澳大利亚标志性建筑。丹麦建筑师约恩·乌松（Jørn Utzon）经过长期酝酿，设计出这座形似堆积蛋壳的建筑，从而闻名于世。悉尼歌剧院的音乐厅比歌剧厅大，这种格局曾引起争议，因为按照最初的设计，面积较大的应该是歌剧厅。尽管如此，如今这里已经成为澳大利亚歌剧团的大本营。

澳大利亚古典音乐作曲家经过长期摸索，才找到澳大利亚独特的表达方式。直到20世纪40年代，澳大利亚只有一位在国际上享有盛誉的作曲家，这就是别具风格的珀西·格兰杰（Percy Grainger）。他是世界级钢琴家，其创作灵感更多来源于英国民谣，而非澳大利亚题材。那时，澳大利亚古典音乐作曲家默默无闻。二战后，澳大利亚作曲家的作品才更多地展现给世人，这得益于澳大利亚广播委员会的努力——他们播出澳大利亚音乐节目,也得益于录音棚表演录音的发行。大牌作曲家不断涌现出来。一位是来自塔斯马尼亚州的彼得·斯卡尔索普(Peter Sculthorpe),他的音乐灵感来源于澳大利亚反差巨大的自然景观;另一位是理查德·米尔(Richard Meale),其音乐作品经常取材于澳大利亚历史和文学作品。他创作的歌剧《探险家沃斯》是迄今为止成就最高的澳大利亚歌剧,剧本以帕特里克·怀特的小说为蓝本,讲述了探险家路德维希·莱希哈特穿越澳大利亚中部的孤独旅程。不过,除了这几位凤毛麟角的音乐家,澳大利亚的音乐创作几乎没有走出南半球的范围,只有当澳大利亚艺术家、作曲家和乐团到海外访问演出时,才会引起海外观众的注意。

澳大利亚通俗音乐形式多样,传统各异。其最早的形式源于原住民的生活习俗和仪式,尤其是原住民聚会时的歌舞庆祝会。非原住民听众很容易辨认出迪吉里杜管等原住民乐器。澳大利亚作曲家约翰·安提尔(John Antill)围绕原住民的主题创作了芭蕾舞剧《歌舞会》,整出剧目于1950年首次演出。迪吉里杜管演奏家威廉·巴顿(William Barton)与他人合作,将原住民音乐与古典音乐融为一体。他公开表示,希望"将世界上最古老的文化与欧洲丰富的音乐遗产融合在一起"。巴顿也是斯卡尔索普的专辑《安魂曲》(2004)中的独奏者。此专辑集迪吉里杜管、合唱及管弦乐于一体,在2004年阿德莱德艺术节上首次公演。但真正在原住民音乐与主流音乐之间架起一座桥梁的是孩子与母亲乐队所演唱的《协议》,该歌曲来自他们的专辑《部落之声》(1991)。

除此之外,澳大利亚还有许多其他形式的通俗音乐,如乡村、节奏布鲁斯、摇滚、爵士、民谣、流行等。所有这些音乐类型都在夜总会里和户外音乐节上大受欢迎。最著名的澳大利亚流行音乐歌手是在20世纪50年代声名鹊起的斯利姆·达斯蒂(Slim Dusty),他将美国乡村音乐元素融入澳大利亚音乐风格,创下了超过700万张唱片的销量纪录。一些澳大利亚流行音乐人也在国际上扬名,其中包括影子乐队和比吉斯乐队,以及凯莉·米诺格(Kylie Minogue)等独唱歌手。其他澳大利亚流行音乐人则在国内更受欢迎,如歌手约翰·法纳姆(John Farnham)。

结 语

澳大利亚是欧洲人探索的地球上最后一块有人居住的大陆。几百年来，理论地理学家和海上探险者都在寻找这块未知的南方大陆，但直到17世纪初，欧洲人才首次登上这块大陆。随着1788年第一舰队的到达，欧洲人开始在地球这一端殖民扩张。最初的定居地位于这块大陆的东南角，以悉尼及其腹地为中心，是一个小型囚犯前哨站。19世纪，澳大利亚定居地迅速扩大，六个殖民地随即建立起来。从19世纪30年代起，大量自由移民借着政府资助的船票来到这片大陆定居。19世纪50年代的淘金热更是吸引了千千万万的移民南下这片大陆。由于国内需求有限，澳大利亚最初的经济发展水平低下。19世纪，通过出口羊毛、黄金、其他矿产、小麦，以及后来的冷冻肉和黄油，澳大利亚经济与世界经济交织在一起并迅速繁荣起来。这些商品主要出口到欧洲，换回欧洲大陆生产的制成品。虽然在 19 世纪 40 年代初和 90 年代出现过经济萧条，但从整个 19 世纪来看，各殖民地都实现了可观的经济增长。

在囚犯流放时期，澳大利亚各殖民地基本上没有议会，也没有经选举产生的政治家。但在 1852 年，英国授权澳大利亚各殖民地建立责任政府，此后情况快速发生了变化。到淘金热时期，殖民地纷纷建立议会，男女公民获得普选权。人们拥护自由改革措施。从 19 世纪中期开始，工会主义开始在许多技术工人中盛行。对英国和爱尔兰的劳工阶层来说，澳大利亚殖民地充满机遇，这个南半球大陆是劳动者的天堂。淘金热之后，越来越多的定居者都是在澳大利亚出生的，他们为自己的出生地感到骄傲。他们称自己为昆士兰人，或维多利亚人，或南澳大利亚人，但到 19 世纪 90 年代，他们逐渐意识到，如果他们携起手来，正式组成一个联盟，那么他们在政治上和经济上就更有优势。1901 年，澳大利亚成为一个联邦国家，联邦政府和州政府分别行使各自的政治权力。

到了20世纪，澳大利亚凭借自身的主要出口产品，保持了在国际贸易中的强有力地位。矿产资源、出口商品，加上在亚洲国家建立的海外市场都促进了澳大利亚的经济繁荣与多元化发展。二战后工业化建设愈加兴盛，制造业从经济生活中的小角色发展成更为重要的经济门类。1945年之后，汽车、化工、钢铁、电力及电子设备等领域都出现了快速增长。整个20世纪，银行业、保险业，以及其他金融机构如雨后春笋，为澳大利亚人提供了与经济发达的现代化国家相称的商业资源。澳大利亚银行业有着严格的监管制度，从而帮助澳大利亚在21世纪初避开了国际经济危机带来的诸多金融困难。如今，澳大利亚经济中的服务业十分重要，涵盖零售、旅游、娱乐、健康、教育、信息技术及通信。

澳大利亚成立联邦之后，政治领域出现了州和联邦层级的政治党派，产生了总理，设立了负责劳资仲裁的法庭，采用了复杂的选举投票程序；堪培拉及首都地区发展成为澳大利亚联邦议会政府所在地。2012年，澳大利亚仍在宪法意义上保留与英国的关系，英国君主也是澳大利亚国家元首。不过这基本上只是名义头衔：澳大利亚在大多数领域都对自己的政治事务负责。澳大利亚在19世纪只拥有较小规模的军队。到20世纪，澳大利亚已经有了自己的海陆空三军，参加了两次世界大战，并先后参加过朝鲜战争和越南战争。直到第二次世界大战，澳大利亚都主要依靠英国提供军事援助。二战后，澳大利亚越来越依赖美国的外交及军事支持。当代澳大利亚的外交及外交政策旨在谋求与亚洲邻国保持稳定的政治及经济关系。不过，近些年来，各届政府一直把澳美同盟关系视为外交政策的核心内容。

在过去两百年里，澳大利亚最早的居民——原住民——一直在挣扎求存。欧洲人进行殖民统治时，对原住民的文化以及他们与土地的精神纽带知之甚少。原住民在与欧洲殖民者最初接触的几十年里，受到天花等疾病的严重影响，人口锐减。虽然原住民与殖民者之间有过多次合作，但原住民的土地被殖民者占领，牧区暴力事件频发，原住民人口数量锐减，同时被澳大利亚社会边缘化。澳大利亚建立联邦国家时，原住民没有获得投票权和公民权，也没有被纳入人口普查之列。20世纪，原住民的孩子被从家中带走，成为"被偷走的数代"。直到20世纪60年代之后，人们的种族意识增强，原住民的境遇才有了一些好转。到1962年，大多数限制原住民参选投票的规定都被废除。1967年，全民公投以压倒性的结果将原住民纳入全国人口普查范围。不过，在今天，即使有"马博裁决"和"威克裁决"为原住民的土地所有权撑腰，与澳大利亚主流社会隔绝的原住民社区仍面临着疾病、酗酒和虐待等诸多问题的困扰。

自1950年前后以来，澳大利亚发生了迅猛而彻底的社会及文化变革。在此之前，澳大利亚基本上是盎格鲁-凯尔特民族在南半球的一块飞地，其政治及文化传统主要源于英国和爱尔兰。澳大利亚顽固维护"白澳政策"，并与欧洲传统紧密相连。从人口分布上看，澳大利亚大体属于城市化国家，但对内陆地区充满向往，强调独立自主、伙伴情谊和平等主义，这都给澳大利亚留下深刻烙印。1950年以来，"白澳政策"逐渐衰落，并最终土崩瓦解；欧洲大陆移民大量涌入，亚洲移民接踵而至；多元文化思想日益深入人心；澳大利亚与英国的经济联系愈发趋弱；同时澳大利亚认识到，自己的主要外交及商业利益实际上在中国、日本及其他亚洲国家，而不是英国、爱尔兰或欧盟身上；所有这一切彻底改变了澳大利亚这个国家。如今的澳大利亚是一个蓬勃发展、文化多元的和平国家，与亚太地区保持着强有力的经济、政治和外交关系。澳大利亚最终是否会切断与英国的渊源纽带，并成为一个共和制国家，这仍是一个未知数，让我们拭目以待。

大事年表

1606年3月	威廉·杨松乘坐"杜伊夫根"号到达约克角半岛,为历史记录中欧洲人第一次踏上澳大利亚大陆。
1642年	荷兰人阿贝尔·塔斯曼探索范迪门地西海岸。
1688年	英国人威廉·丹皮尔探索澳大利亚西海岸。
1770年	詹姆斯·库克乘坐"奋进"号测绘澳大利亚东部海岸线,并称其属于英国王室。
1788年	运送囚犯的第一舰队到达悉尼港,开启白人定居澳大利亚的历史。

1803 年	马修·弗林德斯完成首次环澳大利亚航行。
1804 年	首批白人移民到达范迪门地。
1808 年	反抗威廉·布莱总督的"朗姆酒叛乱"爆发。
1813 年	欧洲移民首次翻越蓝山山脉。
1824 年	这片大陆获准从新荷兰更名为澳大利亚。
1825 年	范迪门地成为殖民地。
1829 年	整个澳大利亚大陆被宣布成为英国领地。
1829 年	斯旺河殖民地建立,1832 年更名为西澳大利亚。
1833 年	范迪门地的阿瑟港建为犯人流放地。
1835 年	菲利普港,即后来的墨尔本,建立定居点。
1836 年	南澳大利亚建成殖民地。
1840 年	新南威尔士停止接收囚犯。
1850 年	西澳大利亚成为囚犯殖民地。

1851 年	维多利亚从新南威尔士分离，成为新殖民地。
1851 年	维多利亚淘金热开始。
1854 年	维多利亚巴拉腊特发生尤里卡城寨起事。
1856 年	范迪门地更名为塔斯马尼亚。
1859 年	昆士兰从新南威尔士分离，成为新殖民地。
1861 年	伯克和威尔斯进行探险。
1868 年	西澳大利亚停止接收囚犯。
1873 年	欧洲人发现乌卢鲁，并称之为艾尔斯巨石。
1877 年	首场英格兰-澳大利亚板球对抗赛。
1879 年	首次澳大利亚工会大会召开。
1880 年	丛林大盗内德·凯利被绞死。
1890 年	澳大利亚建立联邦会议决定召开制宪会议。
1901 年 1 月 1 日	澳大利亚成为联邦国家，称澳大利亚联邦。

1903 年	设立澳大利亚高等法院。
1911 年	北领地区不再归南澳大利亚州管辖，转由联邦政府负责。
1911 年	澳大利亚首都地区设立。
1914 年	澳大利亚派兵参加一战。
1915 年 4 月 25 日	澳大利亚部队在土耳其加利波利半岛的澳新军团湾登陆。
1927 年	联邦议会开始在首都堪培拉办公。
1932 年	悉尼港大桥建成。
1939 年 9 月	澳大利亚参加二战。
1945 年	澳大利亚成为联合国创始会员国。
1949 年	雪山水电站开始建设。
1951 年	澳大利亚与美国及新西兰签订《澳新美安全条约》。
1962 年	《联邦选举法》允许澳大利亚原住民登记并参加联邦选举。
1966 年	启用货币十进制。
1973 年	悉尼歌剧院落成。
1988 年	澳大利亚两百周年庆典。

1992年	高等法院作出"马博裁决",认定存在原住民土地所有权。
1996年	高等法院作出"威克裁决",规定原住民土地所有权不因牧场租约而失效。
1999年	建立共和制的全民公投未能通过。